これからのマルクス経済学入門

松尾 匡
Matsuo Tadasu
橋本貴彦
Hashimoto Takahiko

筑摩選書

これからのマルクス経済学入門　目次

これからのマルクス経済学入門

はじめに

この本は、マルクス経済学の重要概念――「階級」とか「疎外」、「唯物史観」とか「労働価値説」――を根本から見直して、これらの概念における、もはや捨て去るほかない意味付けと、そうではなく、きっちり引き継ぎ、発展させるべき側面とを厳しく吟味し、マルクス経済学がこれから進むべき方向を、私たちなりに示した一冊です。

もともとこの本は、経済学を学ぶ大学生を対象とするマルクス経済学の教科書として企画されたのですが、その中の序章部分が独立して、拡充されたものです。「序章」ですから、これに続く本論で展開される「マルクス経済学というもの」を学ぶ意義を説明することが目的でした。

日本では、「ミクロ経済学」「マクロ経済学」といった主流派の経済学は、戦後長らく「近代経済学」と呼ばれ、「マルクス経済学」はそれに対抗するもうひとつの主流をなしていました。経済学部にマルクス経済学しかない大学もたくさんあったのです。多くの場合、「近代経済学」の講義ではグラフや数式を使ったいかにも現代的な議論がなされ、「マルクス経済学」の基礎理論講義では、主に一九世紀ドイツ生まれの経済学者カール・マルクスの主著『資本論』についての昔ながらの解説がなされていました。

ご存じのとおりマルクスは、資本主義の経済システムを批判して、その崩壊と社会主義的なシステムへの移行を展望した人です。その革命を担うのは、賃金をもらって働いている大衆、すなわち「労働者階級」であるとし、当時の労働組合運動の世界的な組織化にも取り組みました。

マルクスは一八八三年にこの世を去り、その後二〇世紀に入ってからロシア革命が起こって、権力を握った革命家たちは、マルクスの考え方にしたがって国を作ると宣言しました。そのようにしてできた国は、やがて「ソ連」と名乗るようになり、第二次世界大戦後はアメリカと張り合う超大国となって、世界を東西に二分する「冷たい戦争」の、東側のボスとして君臨したことは、みなさんご存じのとおりです。今から振り返れば、ソ連の社会システムは、マルクスの展望した未来社会とは似ても似つかぬひどいシステムで、そこで正しいとされた「マルクス経済学」は、支配者たる自分たちを正当化し、アメリカに対して思想攻撃をするための教義へと歪曲されたものでしたが、当時はソ連の存在に希望を見いだして、マルクス経済学を学ぶ人も多かったのです。

その後、主流派経済学が発展していったのに対して、マルクス経済学は閉塞していき、やがて、ソ連型体制の数々の悪行と経済停滞が伝わるにつれて、日本でもマルクス経済学の衰退が始まります。この流れはソ連崩壊後に歯止めがかからなくなり、経済学部のある日本の多くの大学から、ひとつ、またひとつと、マルクス経済学の基礎理論ポストは消え去っていったのです。

そんな中で、私たちの勤めている大学の経済学部では、主流派経済学の「ミクロ経済学」「マクロ経済学」の基礎講義と並んで、今でもマルクス経済学の基礎理論講義「社会経済学」があり、私たちがその入門段階の担当をしています。この講義でまず説明しなくてはならないのは、マルクス経済学の特徴とは何であり、主流派経済学と何が違うのかということです。いまやマルクス経済学は、世間からは「現代社会からズレまくった一九世紀の遺物」ぐらいに思われているわけですが、それを今なぜ学ぶのか、いかなる意義があるのかも、急いで説明しなければなりません。

ちまたでよく目にするのは、格差や貧困、金融危機、環境破壊といった例をあげて、資本主義は行き詰まっているとか暴走しているとか言って、だからマルクスの思想を学ぶことには意義がある、と述べるものです。たしかにマルクスは、私たちを支配している資本主義経済システムに批判的な経済学の体系を作り上げた、もっとも有名な人の一人です。その著作である『資本論』は、資本主義システムに批判的な世界中の人々に読まれ、一種の教養となっていました。

私たちも、こうした見方に異論があるわけではないのですが、ならば資本主義によってもたらされる格差や貧困、金融危機、環境破壊といった、現代の危機に対して批判的な分析をしている論客の多くが、実際にマルクスの経済学理論を使っているかと言えば、そんなことはほとんどありません。この手の人々が書いた書物、論文のほとんどすべては、マルクス経済学をまったく知らなくても完全に読みこなせるのです。

残念ながら、『資本論』に基づいて「相対的価値形態」とか「相対的過剰人口の累積」といった、難しい概念が出てくる講義をしても、今の学生にそれを理解してもらうのは至難の業です。学生にとっても、そのために貴重な時間をつぎ込むぐらいなら、基礎科目の一つとして、過酷な労働現場や格差・貧困問題に鋭く迫ったルポルタージュを読んだり、人権思想や労働運動の歴史を学んだりした方が、体制批判的な多くの研究を咀嚼し、自ら問題意識をもって経済のことを考える力を身につける上ではよほど有用です。

では、マルクス経済学の講座なんて、大学から一掃してしまった方がいいのでしょうか。「いや、そんなことはない」というのが、本書の立場なのです。

冒頭で述べたように、本書ではマルクス経済学ならではの概念として「階級」「疎外」「唯物史観」「労働価値説」を取り上げて、それぞれについて解説し、根本的に再検討していきます。その際、読者の皆さんにご留意いただきたいのは、これらの概念はいずれも、資本主義システムに批判的な現代の多くの論者から、全く顧みられなくなっているか、少なくとも重視されなくなっているということです。

もちろん、そうなるにはもっともな理由があります。これらの基礎概念は、政治的に曲解されて金科玉条として扱われ、現実を分析するツールとしては使いものにならなくなっていたからです。そのうえ、ソ連や同様のタイプの国では、人々の生命や自由の甚だしい蹂躙の末、経済が行き詰まってしまいました。他方で、それを批判したはずの急進派の青年たちも、内ゲバやテロ、大衆運動の引き回しなどを繰り返して支持を失っていったのです。こうした事態を招いた理由の一つとして、「階級」「疎外」「唯物史観」「労働価値説」といった基礎的概念についての、かつての硬直した捉え方があったことは間違いありません。[1]

そのことへの反省が進むなかで、「階級」「疎外」「唯物史観」「労働価値説」といった概念は、資本主義システムに批判的な多くの論者の頭から消し去られていったのです。そうすることこそが、政治的な教条主義を払拭して現実を把握する「科学的」な態度なのであり、人々から広く支持される道なのだというぐらいに理解されたのだと思います。[2] 特に、ソ連や東ヨーロッパの共産党独裁体制が、労働者大衆の手で打ち倒されて以来、その傾向が強まったと思います。

例えば、かつてマルクス経済学で愛用された「労働者階級」という言葉は、今ではすっかり「市民」という言葉に取って代わられています。賃上げ闘争によって、生活の豊かさを求めるよりも、「アイデンティティ」の方が大事だとされるようになりました。経済や生産力から物事を説くマルクスの「唯物史観」は、反資本主義的な心情をもつ人々からは蔑まれるようになり、人権の発達史のように、もっと精神的なものから社会の進歩が語られるようになりました。金融的詐取を「暴く」本の中でも、労働価値による搾取論が顧みられることはありません。

しかし、こうした傾向によって、かえって経済の現実の姿は、人々の目から遠ざけられる結果となっているのではないか。私たちはそう考えています。こんにち蔓延しているのは、正真正銘

1――私（松尾匡）は、かつて存在したあのソ連型体制は、マルクスの考えた社会主義的なシステムとは全く関係のない「国家資本主義体制」だったと考えています。しかし、旧来のマルクス解釈は、こうした体制を正当化するために利用されたわけで、その点について反省を迫られているのだと思います。

2――だからといって、主流派経済学が取り入れられたわけではありません。相変わらずそれを頭から拒絶して、実証技術などの手法の経済学における世界的な発展や知見の蓄積から取り残されていったきらいもあります。

の貧困であり、正真正銘の搾取なのです。最先進国とされる国々で、気取って「市民」と呼ぶよりも、まさに「労働者階級」というにふさわしい人々があっという間に増えていき、物質的な豊かさの絶対的な欠乏に苦しむようになっています。[3]

　こうした人々の苦悩を説明する上でも、解放の展望を示す上でも、「物より心」といった、広く世間に流布する資本主義批判の言説は、ちっとも心に響かないのではないでしょうか。むしろ、タチの悪いデマゴーグたちが、「君たちはあいつらに食い物にされているのだ」（「あいつら」には「外国人」とか「少数民族」とか「生活保護受給者」とか「公務員」とか「日教組」とかが入ります）と、訳知り顔でする説明にこそ人々は深く共感し、強権政治家による派手な開発イベントにこそ、人々は希望を抱いてしまうのです。

　ですから、いま必要なのは、物質的な豊かさを切実に欲する大衆の心に響く資本主義批判の分析であり、解放の展望なのです。まさにこの点において、マルクスを見直す意義があります。マルクス経済学における基礎的概念が、真に威力を発揮する時代がやってきたのです。

　だからといって、かつてのソ連共産党お墨付き解釈の、膨大な犠牲を生んだ教条主義に戻ればいいというのでは決してありません。マルクス主義を名乗ったかつての体制や社会運動によって、言語を絶する数々の悲惨がもたらされたことを忘れてはなりません。その深い反省の上に立ち、現実の経済の変化と、経済学の発展の双方を視野に収めた上で、マルクス経済学の基本概念を現代に通用するものとするために、これまでの常識的な解釈を疑い、それまであまり自覚されてこなかった論点を新たに掘り起こし、捨て去っても構わないのは何であり、しっかり引き継ぎ、いっそう発展させなくてはならないのは何であるのかを厳しく吟味しなくてはなりません。

この本では、マルクス経済学の基礎概念を吟味する中で、「経済的地位かアイデンティティか」、「分配か決定か」、「価値判断と科学」、「自由と必然」、「会計的把握と総労働配分的把握」等々の、きわめて根本的な論点が整理されていきます。その過程で、旧来の解釈とは似ても似つかぬ意味の組み替えが、これら最も基本的な概念において必要となるかもしれません。しかし、それによって初めて、こんにちの資本主義経済において人々が直面させられている現実と正面から向き合い、人々が深く納得できる分析をすることが可能になるはずです。

現代的な通用性は、昔ながらの『資本論』の解説に、現代社会の具体的な事象をとってつけたように挿入し、その間に何段階も経なければならない理屈をスキップすれば獲得できるのでもなければ、基礎的概念を脇においやった上で、眼前の現象をズブズブの現場主義で描写すれば得られるのでもありません。

本書では、私こと松尾匡が、「階級と所有」「疎外論と唯物史観」「労働価値説」について、それぞれ一章ずつ割いて解説と論点整理をし、現代的な通用性を獲得するための土台を示していき

3——少子高齢化の中で、ケアが不足して生活の質が低下した高齢者や、その介護のために過酷な労働を強いられるようになった家族がたくさん出現し、これらの問題を解決して、みんなが満足のいく生活が送れるよう、さまざまなサポートへのニーズが高まっていることも、その一端であるとお考えください。

ます。その上で、「労働価値説」の吟味を通じて提起した「総労働配分的な把握」によって、いかなる現実的な問題を解くことができるのかを、共著者の橋本貴彦さんが、実際のデータを使ってデモンストレーションします。そこでは、ミクロ経済学でもマクロ経済学でも扱われていないが、私たちにとって切実な経済問題を解くことができる独自の分析領域があるということがお分かりいただけるはずです。

もちろん、この本が提起した論点について、私たちとは異なる解釈をなさる方がいらしても全くかまいません。第四章を書いた橋本さん自身、私の提案を百パーセント受け入れているわけではないのです。私たちの目的は、この本の提案を鵜呑みにしてもらうことではありません。しかし、この本が提起した論点を、一度は吟味する必要はあろうかと考えています。

はたしてマルクス経済学には現代的な意義はないのか？　「いや、ある」というのであれば、これからのマルクス経済学はどうあるべきなのか。読者のみなさんがそれを考える上で、この本が少しでもお役に立てたなら、この本を出した目的は達成できたと思っています。

※　見開きのページの左端にある注（「ですます」調で書いています）は、一般の読者のみなさんの理解を助けるためのものです。そこであげた文献は、原則として、一般の方々が書店で入手しやすいものを中心にしています。各章末の注（「である」調で書いています）は、どちらかというと専門家に向けたものです。ちなみに人名は、「ですます」調の部分では、現存者は「さん」づけ、故人は呼び捨て、「である」調の部分ではすべて敬称略にしています。

第1章

階級と所有

1 階級的な見方VSアイデンティティ的な見方

階級とは何か

【経済的利害で社会を上下に切り分ける階級的見方は、マルクス的な経済分析の大きな特徴】

マルクス経済学の特徴は何かと問われたら、多くの人があげるのが、「階級的な見方」ということだと思います。なるほどそれは正解だと思います。私はたしかに、階級的な見方は「マルクス経済学」と名乗るために欠かせない条件だと思っています。

しかし、経済学の世界では、自らマルクス経済学とは名乗らず、また人からそう呼ばれもしない論者でも、立派に階級的見方に立っているものがあります。逆に、マルクス経済学を名乗りながら、事実上階級的立場を失った論者もたくさんいるように思います。

私としては、前者の人々は、『資本論』を読んでいなかったとしても、マルクス主義の経済学という意味で「マルクス経済学」の中に含めたいところです。逆に後者の人々は、どれだけ『資本論』をそらんじて、その「科学性」を信じていようとも、マルクス経済学者とは呼びたくないところです。とはいえ、世の中全体での自称・他称を全く無視した主観で入門書を書くわけにはいきませんから、とりあえず、「階級的見方」をもってマルクス経済学のメルクマールにするわけにはいかないことは認めておきましょう。

しかし、階級的見方がマルクス的な経済分析の一つの大きな特徴であることは間違いないのですから、本書の入り口で「階級」とはいったい何であるのかをはっきりさせておくことは、まずもって必要なことです。なお、**「階級」**とは何かという詳しい定義についてはこのあとでゆっくり解説しますので、この段階では、ごく大雑把に、「互いに経済的利害関係が対立する、「上」と「下」の地位に分かれた集団」というぐらいに思っておいてください。

【この章で確認する二点のこと】

ここで確認しておきたいことは、次の二点です。

一つは、「階級的見方」の反対の見方である**「階級的でない見方」**というのはどんなものであるかということです。この対比がはっきりすると、「階級的見方」とは何であるかがクリアにわかるようになります。

もう一つは、「階級」とは何かをもう少し詳しく見ると、根本的に異なる二つの見方に分かれるということです。マルクス主義的な見方では、「階級」というものは、土地や機械、工場など主要な生産手段を「所有」している人と、そうでない人の違いということになっています。そうすると、階級についての二つの見方の違いは、**「所有」**についての二つの見方の違いにつながることになります。これは、マルクス理解の根本的な違いを意味することになります。
これまでのマルクス経済学では、多くの場合、こうした点について、きちんと自覚的に整理されずにいました。この章では、それについて、ひとつの明確な立場を打ち出すことになります。おそらくそれは、従来の多くのマルクス経済学の前提に対し、再考をうながすものになるはずです。

【資本主義経済は「資本家階級」と「労働者階級」からなる】

さて、階級とは「経済的利害で上下に分かれた集団である」という、ざっくりとした定義で、しばらくの間はいくことにしたわけですが、この定義にもとづけば、世界中の資本主義経済の社会は、現代日本も含めて、**資本家階級**と**労働者階級**の二大階級から成り立っていることになります。資本家階級とは、賃金を払って労働者を雇って働かせて経済活動をしている人のことで、それに対して労働者階級とは、賃金を受け取って雇われて働いている人のことです。
このほか、農家や商店主など、自分で経営して専ら自分（と家族）で働いている「**中産階級**」と呼ばれる人たちがいますが、この階級は資本主義経済の発展とともに少なくなっていきます。一部の人はのし上がって資本家になる一方で、多くの人は、より資本力のある会社との競争で負けたり吸収されたりして、労働者階級の仲間入りをしていくというのが、長期的な傾向です。

【資本主義以前にも階級社会があった】

もちろん階級社会は、資本主義経済の社会だけにみられる特徴ではありません。ヨーロッパも日本も、昔は「封建社会」と呼ばれる社会でしたが、これは土地を支配する領主と、原則としてその領主の土地を離れることができない農民という二つの階級間の支配・従属関係が、主な生産関係であるような社会でした。このほか、かつては、奴隷主階級の人間が奴隷階級の人間を所有物として支配する「奴隷制社会」もありました。

【階級闘争で歴史が説明できると宣言したマルクス】

「階級的見方」とは、社会の仕組みや出来事を説明する際に、この「階級」というものが、本質的に重要なファクターであるとする見方のことです。

例えば、資本主義的な社会では、企業の活動をなるべく自由にして競争をさせ、税金を安上がりにして、福祉になるべくおカネを使わないことを目指す政治勢力と、その逆を目指す政治勢力が対抗しあうのが普通ですが、前者は資本家階級の利害を反映し、後者は労働者階級の利害を反映していると説明するのが、階級的見方にもとづく説明になります。

マルクスが、親友のエンゲルスといっしょに若い頃に出した、世界的に知られている『共産党宣言』の本文は、「これまでのすべての人類の歴史は、階級闘争の歴史である」という文章から始まります。支配階級と被支配階級との間の闘争という見方によって、すべての人類の歴史が説明できるというわけですから、まさしく階級的見方はマルクス主義のひとつの重要な特徴だと言えるでしょう。

もっとも、階級的見方をとっているからといって、必ずしも階級闘争を唱導するとか、階級闘争が「自然なあり方だ」とみなすとかいうわけではありません。「支配される側の階級の味方をするものだ」と決まっているわけでもありません。一九世紀イギリスのリカードは明らかに資本家階級の立場に立っていましたし、戦前のイギリスのケインズにしても「企業家階級」の立場に立つと公言していました。それも、階級的見方に立っているには違いありません。

しかし、たいていの場合、「階級的見方をとる」と言えば、マルクス同様、支配される側の階級の味方をして、その利益を追求する階級闘争を支援することを標榜する場合が多いです。

階級的でない見方＝アイデンティティ的な見方

【主流派経済学の「代表的個人」は階級的ではないが、階級的前提を織り込むことは容易】

では、この「階級的見方」と対立する見方とはなんでしょうか。

ある程度、経済学に詳しい人であれば、主流派経済学の「代表的個人」の見方をあげるのではないでしょうか。ミクロ経済学の典型的なモデルで想定されているのは、自ら働きに出て、さらに資本を提供して利潤を受け取っているような人です。「資本家兼労働者」ということになる。世の中の人々はすべてこのような「資本家兼労働者」だと想定されるのです。そしてこのような個人が、自分にとって一番よくなるように、いろいろな商品の需要量や供給量を決めて市場取引に乗り出すことになっています。

人間が階級に分かれていないという前提で経済を分析しているのですから、「階級的見方をとっていない」と言えるのは確かですね。

しかし、階級的な立場からくる制約をこのアプローチに入れ込むことは簡単なことです。例えば、各自の財に対する評価の仕方が、最低限の消費をしないと無限にマイナスになる――つまり、生存できなくなる――ように設定をし、一部の人は資産をたくさん持っているが、他の多くの人々は資産を持っていないことにしたとき、主流派の一般均衡モデルはどうなるでしょうか。資産をたくさん持っている人は資本家となり、労働をせずに資産収益だけで暮らし、資産を持たない人は労働者となって一生懸命働くものの、労働所得をすべて消費に費やしてしまい、資産は持てないまま――このような状態が延々と続くようなモデルを作ることもできます。[1]

あるいは、資産が多いか少ないかから帰結する貯蓄性向の違いによって、マクロ経済の振る舞い方がどのように変わってくるかを示すこともできます。例えば、国民所得全体が同じだとしても、資産が一部の人に集中していて、国民所得の大きな割合がその人たちに利潤として分配され

1――ごく簡単なケースの説明が、三土修平さんの『初歩からのミクロ経済学［第2版］』（日本評論社、一九九九年）一八二－一八四ページにあります。

ている場合と、資産が平等で、そこからの収益が、各自のなけなしの勤労所得にわずかずつ付け加わっている場合とでは、経済全体での消費需要が変わってきます（後者の場合の方が大きい）。そうすると、景気の状態が後者の方がよくなるということが起こります。

ですから主流派経済学の手法であるからといって、必ずしも階級的な見方と相容れないわけではありません。むしろ、利潤と賃金の分配や資産格差などの経済的な制約によって、個々人の振る舞い方が規定され、それが社会全体の再生産に影響する様子をはっきりと示すことができるという点で、階級的見方に親和的であるとさえ言えるかもしれません。

【経済学は世の中を「タテ」に切り分けて見ない】

階級的見方と逆の見方は、経済的利害ではない特徴で分けられたグループの対抗関係が、世の中を動かす本質であるとする見方ではないでしょうか。もっとも典型的なのが、**「国」**や**「民族」で人を分ける見方**だと思います。

私は、ホームページや著書[2]でこんな図を掲げています（図1－1）。**「右翼」**とか**「左翼」**とかいう言葉はどういう意味なのかを説明した図です。

世の中を「タテ」方向に切って、「ウチ」と「ソト」に分け、「ウチ」に味方するのが「右翼」で、世の中を「ヨコ」方向に切って「上」と「下」に分け、「下」に味方するのが「左翼」だと

図1－1

いうことです。「タテ」に切るのか「ヨコ」に切るのかによって、世界観の根本的な違いが現れると考えられます。

右翼の人も左翼の人も、自分の世の中の切り分け方を当然のことと思っているので、敵もまた自分と同じ見方をしていると同時に、そうして切り分けられた世の中の反対側に立つ者とみなします。つまり、右翼の考える「左翼」は、「タテ」方向に切り分けた世の中の「ソト」側に味方する者とみなされるのです。それと違って左翼の考える「右翼」は、「ヨコ」方向の世の中を切り分けて、その「上」側に味方する者とみなされます。世の中の「ウヨサヨ論議」が、たいてい噛み合わないのは、これが原因だと思われます。

この**「世の中をヨコ方向に切り分ける」**という仕方が**「階級的見方」**になります。マルクス主義は当然、この見方に立って被支配階級の側に立つので、左翼になるわけです。リカードなど

2――http://matsuo-tadasu.ptu.jp/yougo_uyosayo.html
拙著『新しい左翼入門』（講談社現代新書、二〇一二年）、二五三ページ。

は、この切り分け方をしたにもかかわらず、資本家階級の側に立っていましたから左翼ではありませんが、さりとて右翼でもなかったわけです。

資本主義経済体制を擁護する多くの主流派経済学者は、世の中を明示的に「ヨコ」方向に切り分けて理論を作っているわけではないかもしれません。でも実質的には「ヨコ」方向に切り分けて「上」側についている人が多いのだと思います。

先に述べたように、主流派経済学では、そもそも世の中を「切り分ける」ということをあまりしないのですが、「ヨコ」方向に切り分けるやり方を組み入れることは簡単にできるのです。資産の多寡など、量的な尺度を変更するだけですむので。

それに対して、「タテ」方向に「切り分ける」やり方の場合、自らの理論体系に組み入れるのは、そう簡単なことではありません。こんにちでも経済学の基本原理とされるリカードの比較生産費説[3]の自由貿易論のように、異質な人々と取り引きをすることは、みんなをトクにするというのが基本的な見方になります。それゆえ主流派経済学は、本質的に右翼ではあり得ないのです。これは、あらゆる経済学に共通する、「経済学」の本質的な特徴からきているように思います。

【世の中を「タテ」に切り分けて見ると経済的利害を見誤る】

それに対して、「世の中をタテ方向に切り分ける」という仕方は、階級的な見方とは本質的に相容れない発想ということになるわけです。

書店の経済書コーナーに行くと、国ごとに企業が団結して世界市場で経済戦争をしているというイメージで論じている本がたくさんあります。これが、「世の中をタテ方向に切り分ける」発想の典型だと思います。現実には、世界市場で競争するほどの企業が国家に忠誠心を持つはずはなく、不利だと思ったら、とっとと国を捨てて出ていくものですけど。

現在は、ネットでも右翼的な言説があふれていますので、若い人たちの中には、世の中をタテ方向に切り分けて見るのが〝常識〟で、ほかの切り分け方など考えてみたこともないという人が少なくないかもしれません。しかし、私たちは生活していかなければならないのですから、どのような「切り分け方」が経済的な利害の現実をきっちり反映しているのかを、曇りのない目で見て取るようにしないと、無用な犠牲を自ら引き受けることになりかねません。

例えばこんな例を考えてみましょう。

日本企業が、独裁政権下の発展途上国の賃金が安いという理由で進出して、日本国内の工場はコスト高を理由に閉鎖してしまうことは、これまでよく見られたことです。右翼の人たちは中国が嫌いですから例として都合がいいので、それを「中国」――最近賃金がだいぶ上がってきていますけど――ということにしておきましょう。日本と比べれば依然として賃金格差は大きいし、

3――生産性があらゆる財について優れた国とあらゆる財について劣った国との間でも、その中でも比較的得意さの度合いが高い財の生産に特化して交換しあえば、両国ともトクをするとする原理。

安全基準などの労働条件も中国の方がずっと緩いので、日本企業の進出先としてそう不自然ではないかと思います。それはともかく、こうした理由で日本の企業が中国に進出し、現地に工場を設置したせいで、国内の工場が閉鎖に追い込まれ、従業員がリストラされて大変でしたから、右翼のみなさんの怒りに油を注ぐことになっているのだと思います。

さて、進出してきた日本の企業に対して、現地の工場労働者たちが、もっと賃金を上げろとか労働条件を改善しろとか言って、戦闘的な労働争議を起こしたとします。このため、現地法人の日本人管理職が突き上げをくらって大変な目にあっている。そうしたことが頻発したとします。あなたなら、これをどう評価しますか。

「同胞がひどい目にあっている。中国人はけしからん」と思って、「中国政府に処罰を要求しろ」とか「中国と戦争だ！」、「経済制裁をしろ！」とか言い出すのが「世の中をタテ方向に切り分ける」発想です。ネトウヨの人たちとかはそうですよね。

ところが、中国で賃金が上がり、労働条件が改善されたならば、賃金も上がるわけですから、日本とのコストの差は縮まって、海外に進出するメリットが減じます。中国の労働者にとって、当然賃上げは利益となりますが、日本の労働者にとっても雇用が守られることになるので利益になります。ですから、「中国の労働者ガンバレ」と**労働争議を応援することが、日本の労働者にとっての「階級的な見方」**ということになる。

ところが、中国共産党の独裁者にとっては、外国から企業が進出してくれなくなると経済発展が進まないので、おいしい思いができなくなって困ります。特に現地の有力者は、日本企業がわいろを贈ったり姻戚関係を結んだりし、癒着しているケースが少なくないです。ですから、あまりにも労働争議が激しくなると、容赦なく弾圧してくるでしょう。つまり、日本の資本家と中国の権力者もまた利害を共有していて、日本と中国の労働者の共有する利害と対立するということなのです。

「階級的な見方」に立つならば、当然、労働争議を繰り広げる中国の労働者を支援し、労働運動を弾圧する中国の権力者を弾劾しなければなりません。

　これに対して、「世の中をタテ方向に切り分ける」右翼の立場からすれば、運動が弾圧されて、日本人経営者が救われると同時に、日本企業がふたたび利益を上げられるようになることが「いいこと」になります。その結果、日本企業が進出しやすい状態が続くわけですから、この右翼氏が労働者ならば、将来工場が閉鎖されることになって職を失うことになるかもしれません。あるいは、中国へ進出した日本企業が、現地の労働者を低賃金・低労働条件で雇って作らせた激安商品のせいで職が脅かされるかもしれない。あるいは、中国へ進出した日本企業が大もうけした外貨が日本に送金されて、円に交換されて円高をもたらし、そのせいで景気が悪くなって雇用が脅かされるかもしれません。

　結局、国籍や民族といったアイデンティティにとらわれすぎた結果、自分の首を締めることになりかねないわけです。

【国家や民族だけでない、アイデンティティによって分ける見方】

「世の中をタテ方向に切り分ける」仕方で見ているのは、国家や民族だけではありません。**宗教や地域、血筋、性別の違いによってグループ分けをし、そこに対立関係を持ち込むような見方も、その一種です。**このように、何によって「世の中をタテ方向に切り分ける」のかは多様ですが、いずれの場合にも共通しているのは、**経済的な利害ではない特徴**でグループ分けしていることです。

経済的な利害によって「上」と「下」にグループ分けする場合には、「下」に位置する貧しい階級は、究極的にはなくなってしまうことが、誰にとっても目標になります。もちろん、その方法はいろいろです。ある人は革命によって階級をなくすことを主張し、別の人はみんなが豊かになれば階級もいつしかなくなるという展望をもち、また別の人は、貧しい人が自助努力でもって「上」の階級に這い上がっていくことを勧める、というように。いずれにしても、階級の解消が解決なわけです。

なぜなら、経済的な特徴というものは、民族や性別などと違って、その人を深いところから規定しているものではないからです。ですから、世の中のあり方が変われば、いくらでも変えられます。

それに対して、国や民族、宗教、地域、血筋、性別などでグループ分けすることは、「アイデンティティ」によって人を区別することです。当人を深いところで規定する特徴によって、あるグループにまとめ上げるわけです。ですから、不当に虐げられたグループの人たちにとって、そうした差別からの解放は、そのグループのアイデンティティを喪失することではありません。そうではなく、広く自分たちのことを認めさせることです。複数のグループ間で「上下」の差別があるのは、世の中がおかしいからであって、世の中がまともになれば差別はなくなりますが、区別は残るとされるのです。

【昔のマルクス主義者は階級第一で、アイデンティティ集団の問題は二の次と考えていた】

元来、マルクス主義者には、世の中の第一の基礎は階級間の対立関係にあって、国や民族や宗教や地域、血筋、性別といった、アイデンティティに基づくグループ間の対立は、階級間の対立から結果的にもたらされる二次的な問題だととらえる傾向がありました。たしかにそれは、マルクスやエンゲルスの見方の骨格をなすものだった。特に論壇デビューしたての『共産党宣言』の頃の二人の見解によれば、資本主義経済が発達すればするほど、国や民族、宗教、地域、血筋、性別といった違いは解消されていき、世界中が共通の文明に染め上げられ、世界のどこでも等しく、ますます少数になる資本家階級と、圧倒的多数の労働者階級の二つの共通利害グループに分かれていくとみなされていました。

そしてこのことが、阻止すべきことではなく歴史の進歩であり、次の段階への必要なステップ、だとみなされていたのです。次章でも再論しますが、産業革命による機械化によって、労働者は熟練技能を失い、均質な単純労働者になっていくということは、いろいろな部門で活躍できる能力を身につけるということであり、資本主義を乗り越えた次の社会を担う条件を作るのだとみなされていました。

そんなわけで、後年のマルクス主義者にも、国や民族、宗教、地域、血筋、性別などによる差別問題を軽視する傾向が見られたのです。

【後年のマルクス主義派は、世の中を「タテ」に切り分ける見方にも着目していった】

このことがやがて批判を受けることになります。日本では、一九七〇年代ごろに、オーソドックスなマルクス主義政党だった日本共産党が、被差別部落や障害者、在日朝鮮人の当事者団体から批判を受けて対立関係に陥りました。また、左派系の世界では、日本の過去の侵略戦争について、世の中をヨコ方向に切り分けて、「日本の軍部や財閥による戦争政策のために、日本やアジアの民衆が犠牲になった」という理解をしてきたのに対して、「いや、日本の民衆にも戦争に加担した責任がある」という、世の中を「タテ」方向に切り分けた見方からの異論も出されるようになりました。

こうした中で、「マルクスは決して階級一辺倒ではなかった」とする研究成果が出てきます。

たしかにマルクスは、歳を経るにつれて、資本主義のシステムが、民族の違いや資本主義以前的な社会制度を突き崩すのではなく、再編・強化して利用することがあるということを認識するようになります。[4] 例えば、イギリスの植民地だったアイルランドで、イギリス資本主義の力によって資本主義化が押し進められたかというと、さにあらず。アイルランド人たちは、昔ながらの小作農としてイギリスに搾取され、イギリスの上層労働者はそのおこぼれを頂戴し、体制側べったりになってしまうということが見られました。つまり、資本家、労働者という階級の違いを超えた「イギリス人」が「アイルランド人」を搾取するという「タテ割り」図式が成り立ってしまうのです。

それと同様に、イギリス資本主義の発展が、アメリカ合衆国南部で黒人奴隷制を強化・利用したということがありました。当時のイギリスの主力産業は綿工業で、同国へ綿花を輸出することで、アメリカ南部では奴隷制プランテーションが大繁栄したのです。アイルランドのケースと同様、「黒人」という特定の「人種」でまとめられた集団が、資本主義的な「資本家／労働者」の階級関係の外側で、資本主義的な生産関係のために搾取されるという構図が見られたわけです。

【資本主義がアイデンティティ集団の対抗関係を利用するのは、短期的な逆行形態であると見たの

4――以下のマルクスの議論について、拙著『近代の復権』（晃洋書房、二〇〇一年）第4章第3節で典拠をあげていますので、ご関心のあるかたはご参照ください（電子書籍も出ています）。

図1－2

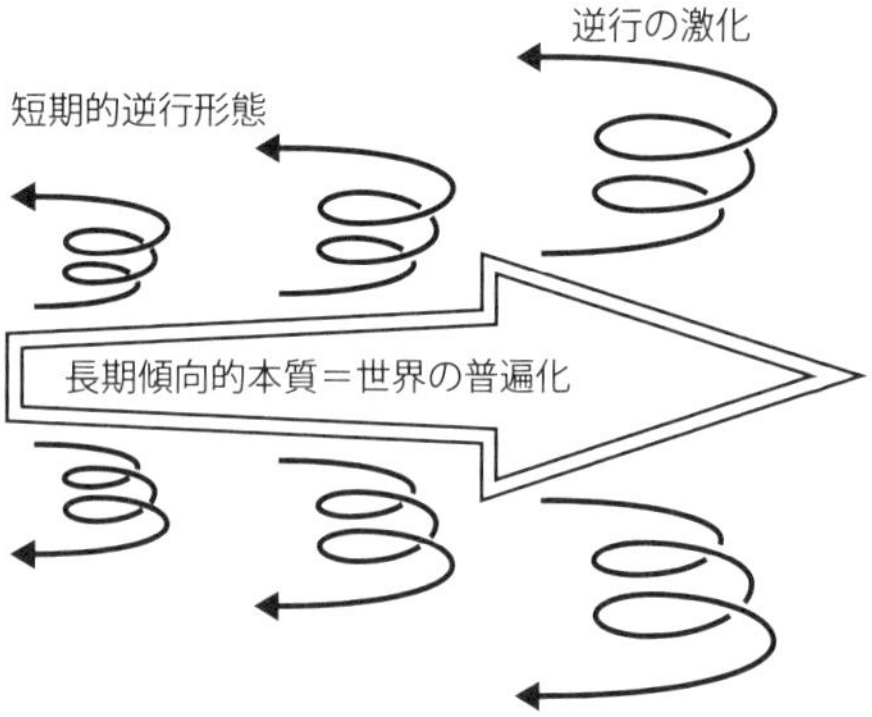

がマルクス】

しかし、マルクスの場合、このような認識が深まったからといって、資本主義的な階級関係がメインにおかれる見方に変更があったわけではありません。大局的に見れば、資本主義の発展が、国や民族、宗教、地域、血筋、性別といった違いをなくしていき、資本主義以前的な古い社会制度を崩していくという認識を堅持していたのです。ただ、短期的には資本主義経済システムは常に、こうした長期の本質的な傾向と矛盾する形態を生み出すという事実を重視するようになったのです。

次章以降で再論しますが、たとえば『資本論』でマルクスは、手工業労働や性の違いなどは、長期的には資本主義の発展によって解体されるが、資本主義の自然発生的な形態のもとでは、短期的には逆に強化されると述べてもいます。先に述べたアイルランドの小作制度やアメリカ南部奴隷制などその一例ということになります。

長い目で見れば、資本主義は、こうした短期的な逆行を踏みつぶし、世界を同一の原理のもとに普遍化していく――しかし、資本主義が発展すればするほど短期的な逆行の動きは激しくなるので、今や資本主義が無意識のうちに長期的に築き上げてきたポジティブな傾向を意識的に救い上げるべき時代がきたというのが、マルクスの基本的な見方なのです。図1－2のようなイメージになります。

【九〇年代の左派では、アイデンティティ問題が中心になって、階級の問題は忘れられた】

ところが左派系の思想・運動の世界では、一九七〇年代以降、国や民族、宗教、地域、血筋、性別といった違いを重視する傾向がますます強まっていきました。特に、ソ連・東欧の共産党独裁体制が打倒されたあとの一九九〇年代には、資本家対労働者といった階級的見方に偏ったことがソ連の間違いの原因だったとするような「反省」の仕方が広まり、マルクス離れが決定的に進んでしまいました。そして、移民や少数民族、被差別身分の問題、ジェンダーや性的少数者の問題、グローバルな資本主義に対抗する発展途上国の自立の問題などが優先的に取り上げられるようになったのです。

過去の日本の侵略戦争の責任問題について言えば、庶民の戦争責任を言い出したのは、過去の支配体制に決定的な責任があるということを大前提とした上で、民衆の側にも、支配体制の暴走を許してしまった弱さ、動員に乗せられてしまった弱さがあったのではないか、それが当時の日本社会の長いものに巻かれろ的な文化性に起因してもいたのであり、そうしたことを直視し、二度と同じ手には乗らないよう、草の根レベルから社会や文化のあり方を変えていくためでした。ところが、いつの間にかこの前提が忘れ去られ、日本人全体が、中国人全体や韓国人全体に対して負うべき責任としてとらえられていったのです。

こうして一九九〇年代には、先進国の多くの左派系政党は、旧来の支持基盤であった労働組合から、さまざまな市民運動へとその足場を移していきました。労働者の階級的利害を追求する福祉国家路線から、コミュニティの中でのさまざまなアイデンティティの承認を追求する「参加と包摂」の路線へと重心を転換したわけです。特に、福祉国家でも新自由主義でもない「第三の道」と称して打ち出された、当時のトニー・ブレア首相率いるイギリス労働党の路線がそのモデルケースでした。

【階級闘争が必要な時代に階級的見方が消えたせいで右翼が隆盛する】

ところが皮肉なことに、その後の世界は、階級的見方こそが必要とされる世の中へと変わっていったのです。日本でも不況が深刻化して長引き、雇用の非正規化やリストラが進んで、膨大な貧困者が生み出されました。在日外国人でもなく、被差別部落出身でもなく、女性でも障害者でもない、主流派ど真ん中の日本人男性健常者の中にも、劣悪な労働条件で働くか失業するかしかなくなり、貧困に苦しむ人たちがたくさん生まれたのです。

この人たちは若すぎて、「階級的見方」というものがあることを知らない人がほとんどでした。もともと「左翼」とは、「世の中をヨコ方向に切り分ける」見方をし、「下」側につくものだったということ自体が知られていなかったのです。彼らの目の前にいる「左翼」と呼ばれた人々は、本来的な意味での左翼ではなく、せいぜいがリベラル派でした。「世の中をタテ方向に切り分ける」見方をするリベラル派は、右翼の人たちからすれば、在日外国人とか被差別部落の人、中国や韓国のような他国など、ようするに自分たちとは異なるアイデンティティをもつ集団の肩を持つような存在でした。

在日コリアンにも被差別部落出身者にも、経済的成功者や利権ボスはいます。「サヨク」とは、それも含めて味方をする奴らだとみなされたのです。すでに韓国も先進国の一員で、中国はGDPで世界第二位と、かつての経済的弱小国だった頃のイメージはもはやありません。労働組合について言えば、恵まれた一部の正社員の既得権を擁護する団体とみなされました。「サヨク」は、自分たちの苦境を救ってくれる人たちではなく、自分たち日本人主流派を敵視し、恵まれた強者の味方をする連中だと考えられたのです。

このようにして多くの人たちが、右翼に走ることになったのだと思います。賃金が低く抑えられ、労働環境が悪化するなど、労働者に対する階級的な重圧が厳しくなってくると、反発と抵抗の階級闘争が起こるのは自然法則のようなものです。しかし、もしそれが階級的な見方を踏まえて行われるのでなければ、さまざまな歪みが生じてしまいます。例えば、「在特会」などの、在日コリアンに対するヘイト派の妄想によれば、在日コリアンは戦後日本のマスコミと政財界を牛耳ってきたことにされてしまっています。戦前のドイツで猖獗《しょうけつ》をきわめた反ユダヤ思想の妄想も似たようなものです。つまり、彼らの排外主義運動は、彼らなりの階級闘争なのです。しかし、経済の現実を正確にとらえず、世の中をタテ方向に切り分けて把握し、「ソト」側に対して憎悪を向けるかぎり、このような運動は膨大な犠牲者を生んで失敗するほかありません。旧ユーゴに極端に見られた悲惨な結末に陥るか、被支配階級どうしの対立・分裂の上に、ますます強固な支配と搾取が、易々とのしかかることになるか、どちらかでしょう。

　ですから、いま必要なのは、階級的見方の復権なのです。[5] もちろん、アイデンティティの問題にマルクス主義者が無頓着であった、かつての時代に回帰すればいいというわけでは全くありません。しかし、民族などのアイデンティティによって形成されたグループ内部にも「上」と「下」の階級があったり、個々人を押しつぶす抑圧の問題があったりします。欧米以外の国でも階級対立があり、横暴な権力者や理不尽な因習によって甚大な人権抑圧が生じてもいる。こうした現実に目をつむってすますわけにいかないのではないでしょうか。

　差別された民族であれ、侵略を受けた途上国であれ、先進国で主流をなす民族であれ、「支配階級」は「支配階級」であり、「被支配階級」は「被支配階級」なのです。かつて日本に侵略され、多数の人が亡くなった国との「友好」促進のつもりで、現地の権力者や資本家とベタベタしていたら、現地の民衆から「かつて日本人は戦争で俺たちをひどい目にあわせておいて、ふたたび俺たちの敵を支援するのか」と恨まれることになるでしょう。

2　支配階級とは、剰余の利得者か、それとも生産の支配者か

生産手段の法的な「所有」で階級を規定するおかしさ

【マルクス主義では主要な生産手段の所有者が支配階級とされてきた】

ここまで、世の中をヨコ方向に切り分けて「上」と「下」に分ける発想とはどのようなものか、世の中をタテ方向に切り分ける発想と比べながら説明してきました。これでだいぶ見通しがよくなったのではないでしょうか。

そうすると今度は、世の中をヨコ方向に切り分けて、「上」と「下」とに分けたなら、それはすべて「階級」なのか、という問題が出てきます。実は、世の中をヨコ方向に切り分けて上下に

5――経済的な被抑圧者の問題と、アイデンティティに基づく諸グループにおける弱者の問題について、その解決を図る際に生じる矛盾をめぐる論争の書として、ナンシー・フレイザー＆アクセル・ホネットの『再配分か承認か？』（法政大学出版局、二〇一二年）があります。イギリスの映画「パレードへようこそ」（二〇一四年公開、二〇一五年日本公開）が問いかけているのも、この対立の総合なのだと思います。三〇年も前のエピソードが今映画になるのも、時代の要請があるのだという気がします。

分けるやり方にもいろいろあって、そのすべてが階級というわけではありません。

たとえば、リッチな人と貧しい人との「所得格差」はどうでしょうか。それから、江戸時代までの公家や武士と、百姓や町人の間には、高貴な身分とそうでない身分という区別がありましたが、そうした「身分」はどう考えればいいでしょうか。

厳密にいうと、経済学に出てくる「階級」は、これらの上下差とは区別されます。であるなら、「所得格差」とも「身分」とも異なる「階級」とは何なのでしょうか。

マルクス主義では、「自分が労働をするための、主要な生産手段を所有していないのが被支配階級、それを所有しているのが支配階級」と定義されています。なにかを生産する上で必要な手段を「所有」しているかどうかで区別するわけです。たとえば、封建時代は農業が経済の中心で、主要な生産手段は土地でしたから、土地の所有者である領主が支配階級で、そのもとで労働をする農民が被支配階級でした。これに対して資本主義経済では、機械や工場などの生産手段を所有する資本家が支配階級で、そうした生産手段を持たず、他人に雇われて賃金をもらって働く労働者が被支配階級となります。

【法的な「所有」概念ではソ連の支配集団は支配階級ではなくなってしまう】

そうであるとして、「所有」とはいったい何でしょうか。

ひと昔前までは、法律で定められた「所有」のことだと素朴に考えられていました。この観点に立てば、すべての企業を国有化できれば、生産手段を私的に「所有」する資本家階級はいなくなることになりますから、「階級なき社会の出来上がり」ということになります。実際、ソ連といった国々は、自らを「階級のない社会主義社会である」と称していたわけです。

ところがソ連型の体制では、一部の幹部が特権を享受するばかりで、一般労働者は上からの指示に従ってひたすら働き、生活必需品を手に入れようと、いくら行列に並んでもなかなか入手できないという耐乏生活を強いられていました。スターリンによる独裁体制において、労働者や農民は、ときには大量の餓死者を出すほど困窮する中で長時間労働を強制され、少しでもサボったとみなされたが最後、運が悪ければ死刑に処され、そうでなくとも強制収容所に送られ、運河や鉱山、鉄道の建設などのために使い殺されていました。こんな社会を「階級がない」と言うことには、誰でも違和感があるのではないでしょうか。

【法的な「所有」では戦後日本の大会社の経営者は支配階級とみなすことができなくなる】

そもそも、法に基づく「所有」によって階級が決まるのであれば、戦後日本の大企業の経営者たちは、資本家とは言えなくなってしまいます。

法に照らせば、株式会社を「所有」しているのは株主です。会社で事業を行うために必要な資金を出資したという証明書が「株式」で、これを持っている人が、持ち株に比例して会社を「所有」していることになっています。ですから、会社の最高意思決定機関は株主総会で、株主はそこで一株一票という出資比例の投票権を与えられ、これによって役員を選びます。そして、事業活動によって生まれた利潤は、「配当」という形で、持ち株数に比例して株主が受け取ることになります。

たしかに、大金持ちがほとんどの資金を自分で出して会社を興したのなら、株式の大半はその人が保有しています。その場合、株主総会ではその人が多数票を持つことになるわけですから、自分の思いどおりに会社の方針を決めることができます。そして、会社があげた利潤の大半を受け取ることができます。このような人は、まさに「オーナー（所有者）」と呼ばれるにふさわしい存在で、文句なしに資本家でしょう。

しかし、平成不況が始まるまでの戦後日本では、この手のオーナー企業はきわめて稀でした。大企業の大口株主は、たいてい他の会社でした。会社どうしで株を持ち合っていたからです。A社の大株主であるB社の大株主であるC社の大株主であるD社の……とたどっていっても、ぐるぐる回るばかりで、個人株主には辿り着きません。

こうした中では、経営者個人の持っている株の割合などわずかなものです。取締役全員の持ち株を合わせても、ほとんど無視できるような割合にしかなりません。ましてや、大衆株主がもつ株の割合など、一人ひとりで見れば、あるかなきかの微々たるものでしかなく、しかも、値上がり益を期待して持っているので、株主総会に出てくることなど、めったにありません。終戦から八〇年代後半になるまで、大会社の株の配当は多くの場合、業績がどうであろうと常に少額で、誰もそんなものを目当てに売買していなかったので、個人株主の売買行動が株式市場を通じて経営に影響を与えることもありませんでした。

ということは、**法的な意味での「所有」を問題にするかぎり、バブル崩壊までの戦後日本の大企業は、誰にも「所有」されていなかったということになります**。階級というものが、そうした意味での「所有」によって決まるとすれば、日本の大企業には「階級はなかった」ということになる。実際にはこれらの企業では、多くの場合、名だたるワンマン経営者が権勢をふるっていました。彼らは思い通りに事業決定をし、会社の財産を私用する特権を享受し、子息を入社させればトントン拍子に出世させ、跡継ぎにすることもできました。誰が見ても「階級」と呼ぶほかない存在でしたが、法的な「所有」を問題にするかぎり、彼らを「支配階級」と呼ぶことはできなくなってしまうのです。

「利得論的解釈」と「疎外論的解釈」

【法的な「所有」は、実体としての所有の「お墨付き」】

それゆえ、ソ連型体制の階級社会的な現実が広く知られるようになると、多くのマルクス派の論者たちは、「所有」を法的に理解していては、「階級」と結びついた生産手段の「所有」概念を論じることはできないので、経済的な現実に基づかなければならない、と認識するようになりました。

マルクスにしても、「所有」に法的な意味をもたせて論じることはありましたが、そうした場合も、生産における人と人との関係（＝「階級」）と結びついた実体としての所有に、ある種の「お墨付き」を与えるようなものとして捉えられていました。

この実体としての所有は、単純な消費財の場合であれば、誰にでもわかるような当たり前のことです。「私のパンを、私が食べたいときに食べる」ということなのですから。つまり、パンという「消費財」を、それを所有する人が、食べるなり捨てるなり人にあげるなりして、いつでも好きにできるということです。これに対して法的な「所有」とは、消費財をその所有者が思うように取り扱うことを周囲の人が認めること、ひいては国家がお墨付きを与えることなのです。

しかし、「会社」の「所有」については、そう簡単にすませるわけにはいきません。「生産手段を所有しているのが資本家だ」と言うとき、その実体とはどのようなことを意味しているのでしょうか。

現代の法に照らして、株主が株式会社を「所有」しているというとき、これには先述のように二つの側面があります。一つは配当を受け取る権利で、もう一つは株主総会での決定権があるということです。この二つの側面は、法律の上では表裏一体のものですが、それぞれの実体はかなり異なっています。

【実体としての所有とは、剰余の利得か、それとも生産過程の支配か】

生産手段の法的な「所有」という概念によって階級を決められればそれでよしとするソ連共産党流の解釈に代わって、実体としての「所有」から階級を見なければならないということになったわけですが、この「所有」概念をどう捉えるかについて、二つの見方に分かれていきます。

一つは、「所有」する**生産手段による産物を受け取って、自分のものとして享受すること**です。これを法的に表現すれば、「配当を受け取る権利」などの「剰余分配権としての所有権」ということになります。このような解釈のことを**「利得論的な解釈」**と呼ぶことにしましょう。「剰余」とは、生産されたものから原材料や燃料や機械等の消耗分を引いて、さらに働いた人々が受け取る分を除いた残りですが、資本主義企業ではこれは「利潤」になります。江戸時代の農地の場合は年貢になります。江戸時代の武士は主君から領地をもらえましたが、実際にはそこに住むわけでも経営指揮するわけでもありませんでした。ただ、そこから上がる年貢の分のサラリーがもらえるというだけです。それが領地の「所有」の実体でした。これをイメージすればわかりやすいと思います。

もう一つは、「所有」する**生産手段を用いる生産過程を、まるで自分の身体のように意のままにコントロールすること**です。これを法的に表現すれば、「決定権としての所有権」ということになります。ここでは、こうした解釈のことを**「疎外論的な解釈」**と呼ぶことにします（「疎外」については、後の章で詳しく説明をしますので、ここでは触れません）。

このように、「所有」概念は二つの見方に分かれていきますが、マルクスの議論によれば、資本主義的な生産関係が全面化する前の時代における、自営農民であり自営職人であるような独立した小規模の生産者の場合、そうした分岐が生じることはありません。ここにおいて各人は、土地や道具といった生産手段を自分の身体のように意のままに用いて生産を行い、その成果を自分の物にします。ところが、資本主義的な生産関係が始まって、生産手段を持つ少数の人が、多くの人を雇って生産を行うようになると、二つに分離していくのです。

【支配階級の典型は、優雅な配当生活者かワンマンサラリーマン経営者か】

「利得論的な解釈」によれば、生産活動に用いる主要な生産手段が生み出す剰余を受け取る者が「支配階級」ということになります。なかでも、機械や工場が主要な生産手段となる資本主義的な生産関係においては、生産活動の成果としての利潤を受け取る者が「資本家」ということになります。[6]この利潤を受け取れず、その生産のために労働をするだけの人が「被支配階級」で、資本主義的な生産関係においては「労働者」ということになります。資本家は、生産手段の「所有権」を法的に保証されることになりますが、ここで言う「所有権」とは、生産手段から生み出される利潤を受け取る権利という意味です。

一方、**「疎外論的な解釈」によれば、主要な生産手段をどう使うか管理・命令し、生産過程を実質的にコントロールしているのが「支配階級」**で、その指示を受けて労働する者が「被支配階級」ということになります。たとえば私の師匠である置塩信雄は、こちらの解釈を採用し、生産に関する主要な決定権を握るのが支配階級で、そこから排除されているのが被支配階級であるとしました。ここで言うコントロールを、法的な権利として認めたのが「所有権」ということになります。

この立場からすると、法的な意味での「所有」と実体とがずれているような場合、実体においてコントロールしている者こそが支配階級だということになります。それゆえ、ソ連型体制における幹部層（「ノーメンクラツーラ階級」と呼ばれます）も、日本の大企業のサラリーマン経営者も資本家階級だと言えることになるのです。

「利得論的な解釈」における支配階級の典型例は、暇をもてあましながら配当や地代で優雅に生活するオーナーや地主です。経営管理者も支配階級には違いありませんが、しょせんはオーナーや地主の「手先」でしかないとされます。それに対して、「疎外論的な解釈」における支配階級の典型例はワンマン経営者で、経営にタッチしないオーナーや地主も支配階級ではありますが、「本来」の支配階級のおこぼれで生きる二義的な存在ということになるのです。

【忌むべき搾取の典型は支配階級の贅沢か過剰蓄積か】

こうした解釈の違いは、基本的な事柄に対する考え方の相違をもたらします。

6――ジョン・ローマーさんは典型的な「利得論的な解釈」論者で、吉原直毅さんは、その議論を発展させてきました。この二人とも、しばしば、生産手段の貸付けで不労所得を得るモデルによって「搾取」を論じています。

まず、マルクス経済学には「搾取」という概念があります。被支配階級の人々が、自分で自由にできないものを生産するために働かされている事態を「搾取」と呼ぶことに関して、この二つの解釈に違いはありません。資本主義経済における「利潤」が、労働における搾取が源泉になっているということは、マルクスが『資本論』全巻を通して論証を試み、置塩信雄が「マルクスの基本定理」によって証明したことです。

しかし、そのイメージするところは、「利得論的な解釈」と「疎外論的な解釈」では違いがあります。「搾取」と言うからには、「よくないこと」という価値判断がなされているはずですが、研究者同士で議論をするときには、そのような価値判断を含む表現はほとんどなされません。そこで私のほうで、この二つの立場がそれぞれ何を根拠に「よくない」と考えているのか、デフォルメしてみます。

まず、「利得論的な解釈」から見た「搾取」とは、被支配階級の労働によって生産されたものを、支配階級が個人的な贅沢のために、時として「飲めや歌えの大騒ぎ」的に享楽することです。[7]

これに対して、「疎外論的な解釈」から見た「搾取」とは、資本家が新しい機械や工場の増設を勝手に決めてしまって、労働者がコントロールできない生産手段が際限なく拡大することです。資本主義経済において、利潤の一部あるいはその全てが、事業拡大のために投資されて生産手段が拡大することを「資本の蓄積」と言います。「搾取の典型は蓄積」とみなすのがこの立場です。[8]

【社会主義とは全利潤平等分配か労働者による生産管理か】

どちらの立場に立つかで、階級も搾取もない理想の社会主義社会のイメージも違ってきます。生産手段の私有をなくし、労働者による共有を目指すのが社会主義ですが、かつてのソ連共産党の正統的な解釈のように、「所有」を法的なそれとして解釈してしまえば、すべての企業を国有化できれば、「共有」も簡単に実現します。

しかし、それではダメだということになって、「利得論的な解釈」と「疎外論的な解釈」が登場したのでした。どちらも、実体としての「所有」によるアプローチの仕方を提唱したわけです。ところが、そこにある解釈の違いによって、実現すべき社会主義社会のイメージもまるきり違ってくるのです。

「利得論的な解釈」にもとづく社会主義イメージの典型は、「アナリティカル・マルクス主義」と呼ばれる学派の代表格、ジョン・ローマーさんの「市場社会主義」でしょう。[9]

そこでは、すべての企業が国有化されていますが、それぞれの企業をどう経営するかは経営者

7――ローマーさんも吉原さんも、一貫して、消費財分配のモデルで搾取を議論しています。

8――置塩は、ケインズの投資乗数理論を批判するときいつも、剰余労働を増やせば雇用が増えるという議論だと評していました。例えば『現代資本主義と経済学』(岩波書店、一九八六年)、四六－四七ページ。蓄積が独立変数で、それが搾取を決める(蓄積が増えると搾取が高まる)ことは、置塩の経済理論の基本命題です。置塩『蓄積論(第二版　経済学全集7)』(筑摩書房、一九七六年)第3章をご参照ください。

一人ひとりの判断に任されます。労働者は労働市場を通じて経営者に雇われ、経営者の命令に従って働きます。生産物は市場を通して自由に販売されます。

資本主義の今の世の中と全然変わらないように聞こえますね。ではどこが「国有」なのかと言うと、**配当を受け取る権利を、すべての国民が平等に持つ**という点です。もう少し具体的に言うと、株の売買は、特別なクーポンで行われることとし、すべての国民にこのクーポンを平等に配ることにするのです。ですから、株式運用の上手下手によって、手にする配当総額は多少異なってくるのですが、おおざっぱに言えば、だれもが平等に配当を得ることができるわけです。剰余分配権のこうした平等配分をもって、全国民に生産手段が「共有」されたと称していることになります。

それに対して「疎外論的な理解」[10]にもとづく社会主義のイメージは、**労働者のコントロールのもとに生産過程が置かれる**ことです。自分の身体のように——ただし、民主的な合意によって協業して——生産手段を思うがままに用いて生産するということです。究極的には、社会全体で、誰がどこで何をどれだけ生産するのかの段取りを、すべての労働者の合意によってコントロールできるようになることが理想です。マルクスは、自分が将来に展望した社会のことを「アソシエーション」と呼んでいますが、そのイメージはこのようなものだと思います。その場合、生産に関する決定権の共有が「共有」の意味となります。

しかし、多様な人々の間で、さまざまな生産品目に関して合意を取り付けるには、現在の情報処理能力では圧倒的に足りません。

したがって、資本主義経済が支配的な社会を前提して、まずは労働者や商品サービスの利用者による自主管理で運営される協同組合的な企業をつくり、そのネットワークを広げていくことが、この立場に立つ人たちの基本路線となります。「アソシエーション的対案」などと呼ばれる路線[11]がこれです。

9――ジョン・E・ローマー、伊藤誠訳『これからの社会主義――市場社会主義の可能性』（青木書店、一九九七年）、六七－七〇ページ。

10――ローマーさんらアナリティカル派に対して、現代アメリカのマルクス経済学界を二分するラジカル・エコノミストの人たちは、「抗争的な交換理論」に見て取られるように、労働現場の権力関係の問題を資本主義の根本問題として取り上げ、資本主義への対案として、労働現場における民主主義の推進と、投資における民主的責任の受容を掲げてきました。これは典型的な「疎外論的な解釈」だと思います。詳しいことを知りたい方は、角田修一さんの『立命館経済学』第四三巻第一号所収の論文「抗争的交換と可変資本節約の論理――ラディカル派エコノミストの労働過程＝労働市場論」（「抗争的交換　角田」でネット検索すると出ます）をご覧ください。角田さんの『社会哲学と経済学批判』（文理閣、二〇一五年）第一五章でも読めます。彼らは、「所得の分配」という言い方に対抗して、「権力《パワー》の分配」と言っています。T. Weisskopf, S. Bowles & D. Gordon, "Two Views of Capitalist Stagnation: Underconsumption and Challenges to Capitalist Controll," *Science and Society* 49 (3), 1985, p261.

11――たとえば、田畑稔・大藪龍介・白川真澄・松田博編著『アソシエーション革命へ【理論・構想・実践】』（社会評論社、二〇〇三年）のほか、私が西川芳昭さん、伊佐淳さんと編集した創成社の『市民参加のまちづくり』シリーズもご参照ください。

【マルクスの見た社会主義の萌芽に、両解釈につながる二つがあった】

資本主義の世の中において、かつてマルクスは、「株式会社」と「協同組合工場」に、資本主義的な生産関係を超えた次の段階の社会の萌芽を見て取っていました。そうなのです、すでにこの時点で、「利得論的な解釈」と「疎外論的な解釈」とに分岐する兆候が表れていたのです。[12]

次の段階の社会へ結びつく萌芽として株式会社を位置づける見方は、現代人の目からすると違和感があるかもしれませんが、当時はまだ個人企業が中心でした。そこに株式会社が登場し、少しずつそれがメジャーな企業形態になっていったのです。そこでは、出資者としての資本家は、実際の経営には口を出さず、あくまで株主として配当を受け取る寄生階級となっていく。企業の経営は専門の労働者が担うようになっていき、出資者による支配は徐々に空洞化し、一人で出資していたのではどんな大金持ちだってとても出せないような規模でも、全社会的に資本を集めるようになるのです。だとすれば、すべての資本を国家が提供するようになれば、これによって社会主義社会は実現するのではないか――。こうした展望は、「利得論的な解釈」に基づいていると言えるでしょう。

他方でマルクスは、労働者が自分たちの手で経営をする「協同組合工場」が現れたことについても、資本主義的な生産関係に依拠しない次の段階の社会につながる萌芽とみなしていました。言うまでもなく、それは「疎外論的な解釈」にもとづく見方です。

【「利得論的理解」の再分配政策は、剰余分配への課税の山分け】

ところで、現実には、どちらの立場に立ったとしても、資本主義的な社会システムをトータルに廃絶し、次の社会へ移行するのは、当面見通せる将来では無理だということは、大方の同意するところだと思います。であるなら、当面は資本主義経済システムを前提した上で、社会主義的な志向を持った政権ができたときに、どのような政策を推進すればいいのかが問題になります。もちろん、富裕層から税金をより多くとって、労働者大衆のために用いるという再分配政策がメインになる点で変わりはないはずですが、その性格には違いが出てくるのです。

国の財政支出の仕方について具体的に論じ始めると、論点が拡散してゆき、話が複雑になるばかりですから、ここは思いきり単純化して、全ての人に同額のベーシックインカムを配るという状態を想定してみましょう。[13]「利得論的な解釈」では、働いてもいないのに、生産手段を「所有」しているからといって、生産活動による産物を我がものとするのはケシカランという話になるわけですから、資産の「所有」によって生じる所得への課税が、再分配政策の柱になります。

12——基礎経済科学研究所編の前掲『未来社会を展望する——甦るマルクス』(大月書店、二〇一〇年)では、未来社会の萌芽を協同組合に見出したケースと、株式会社に見出したケースそれぞれにおけるマルクスの見解について、専門家が詳しく検討しています。協同組合への着目については、とくに小松善雄さん他の論文を、株式会社への着目については有井行夫さんの論文をご参照ください。

13——ベーシック・インカムの制度構想における本質的な対立点を、この二つの解釈の違いに起因させて整理したのは、私の研究室の大学院生(菅原悠治)の貢献です。

つまり、利潤や地代に課税するのです。「才能」なども資産の一つとみなせるならば、賃金所得に税金をかけることも正当化できるかもしれません。

このようにして集まった税金を、本来的には生産手段を「共有」してしかるべき全国民に、平等に分配することになります。少し注意が必要なのは、この場合、社会全体の財産所得に増減が生じれば、それに合わせて税収も変動し、ベーシックインカムとして支給される額も変わってくるということです。実際には、ベーシックインカムとして分配したりせず、各種の社会サービスの維持・拡充のために充当されるかもしれませんが、その本質に変わりはありません。つまり、生産活動による「果実」[14]をみんなで分けるということです。

このとき、課税率を引き上げていって一〇〇パーセントまで持っていけば、ローマー型の「市場社会主義」が出現することになります。つまり、このタイプのベーシックインカム制度は、この立場なりの「社会主義」と「地続き」になっているのです。伊藤誠さんが提唱するベーシックインカムも、このタイプだと思います。実際、伊藤さんはご自分の構想を社会主義的なものと位置づけています[15]。伊藤さんは、ローマーさんの『これからの社会主義――市場社会主義の可能性』の翻訳者でもあります。これらの点から、伊藤さんは「利得論的な解釈」の仕方を採用していると言えるかと思います。

【「疎外論的解釈」の再分配政策は決定を委ねることのリスク補償】

これに対して「疎外論的な解釈」に立つ場合、課税の根拠は次のようになります。本来なら、労働者が生産過程をコントロールすべきだが、実際にはそれが無理なケースが多い。仕方がないので、資本家（この場合は「経営者」）に経営を任せよう。すべてを任せた結果、何が起ころうと、責任はすべてその資本家が負って、労働者には一切迷惑をかけないなら、何も文句はない。だが現実には、資本家が判断を間違えたなら、会社の財務状況が厳しくなって給料が下がったり、クビになったりするかもしれない。それなのに、この損害を経営者に全額補償させることはできない。それだけでなく、設備投資をしたり、逆にそれをやめてしまったりすることで、景気や環境に何らかの影響を与え得るが、その全責任をとらせることなど不可能――。

そこで、経営を資本家に任せる代わりに資本家に課税し、彼らの判断のせいで被害をこうむった時にも暮らしが苦しくならないよう補償してもらおう――。というわけで、全員一律のベーシックインカム制度を導入して、万が一、解雇されたり企業が倒産したりしたときにも生きていけるようにする、というわけです。

この場合、理想を言えば、「権力」と「影響力」に応じて課税するのが望ましいわけですが、実際には難しいので、「代理変数」として所得などに課税することになります。普通の庶民でも、

14――菅原悠治さんによる表現です。

15――伊藤誠さんの「ベーシックインカム構想とマルクス経済学」『季刊経済理論』第四九巻第二号（桜井書店、二〇一二年七月）、六―一五ページをご覧ください。

例えば、冷房を使う判断をすることで、ごくわずかでも温暖化を進めることに加担するかもしれません。このように、普通に生活するための判断をすることで、民事的には責任を問われることなく、他者に影響を与えてしまう可能性はわずかなりともあるわけです。だから、そのささやかな影響力に応じて少ないながらも所得税を払うのだと考えることができます。

　また影響力のある判断が、個人の力量や自由意志というよりは、組織というものの力学でなされる側面が強いことを考えると、「利得論的な解釈」よりも「疎外論的な解釈」のほうが、企業などの法人に対する課税に関しては、相性がいいことになります。

　そして、「疎外論的な解釈」の場合、ベーシックインカムにおける支給額は、税収にかかわらず定額ということになります。この場合も、実際にはベーシックインカムとして分配する方式ではなく、各種の社会サービスに充当するかもしれませんが、本質に変わりはありません。人々にとってリスクのない暮らしを保証するということが税収の多寡よりも優先されるということです。言い換えれば、生産による「果実」ではなく、個々人が生きる上で必要な「畑」を配る[16]という発想です。

　以上のことからすれば、「利得論的な解釈」の場合と異なり、「疎外論的な解釈」に基づく再分配の制度は、自身の目指す社会主義とは直接結びついてはいないことがわかります。というのは、この立場にとっての生産手段の「共有」とは、自分の運命に影響するさまざまな決定に関与することです。しかし、再分配制度では「決定権」を配ることはできません。あくまで、「決定権」

を共有させてもらえない「補償」として再分配制度が導入されるわけです。ベーシックインカムはその意味では典型的で、そのまさに長所の一つは、決定する必要が全くない点にありますから、その点では労働者が自分の運命にかかわる決定に参与するシステムとはある意味で対極にあると言えます。

それゆえ、「疎外論的な解釈」の立場では、ここで見たような再分配制度は、資本主義的なシステムを前提とする制度として位置づけられます。しかし、こうした制度があるおかげで、リスクを負うことなく労働者は協同組合などの事業を興したり、その事業を発展させたりできるようになりますので、それが、アソシエーション的な変革を後押しすることにつながるわけです[17]。

「所有」や「階級」「搾取」概念にかんする「利得論的な解釈」と「疎外論的な解釈」の違いを表にまとめると次のようになります（表1－1）。

「利得論的な解釈」では、先に問題提起したソ連のノーメンクラツーラや、戦後日本の大企業の経営者たちを「支配階級」とすることは困難になります。ましてや、私立大学や医療法人で権勢をふるうワンマン経営者や官僚トップ、軍や保守政党の首脳などについては、なおさら困難です。しかし、こうした人々を「支配階級」と規定できないと、社会を分析する上で困ったことになり

16――やはり菅原悠治さんによる表現です。
17――「補償」として取り立てた税金を、安定的な景気を維持するために使うことも、同じような役割を果たすと言えるでしょう。

表1－1

	疎外論的理解	利得論的理解
生産手段の所有の実体	自分の思うがままに生産過程をコントロールすること	生産手段の成果たる剰余を受け取ること
生産手段所有の法的表現	決定権	剰余分配権
支配階級の典型イメージ	ワンマン経営者	配当生活する有閑階級
搾取の典型イメージ	経営者が独断した過剰蓄積	支配階級の贅沢な消費
社会主義イメージ	労働者による生産の自主管理	全利潤の平等分配
アメリカ現代マルクス主義経済学の対応学派	ラジカル派	アナリティカル・マルクス主義
マルクスが見た社会主義の萌芽	協同組合工場	株式会社
資本主義下の再分配政策	決定権を支配階級に委ねることのリスク補償	剰余所得に対する課税の社会的分配

ます。資本主義経済においては、こうした人々がこぞって資本蓄積の増進に奉仕し、それによって、より多くの収入や社会的な利得を得るようにできています。その点で、マルクスの描く資本家階級と同じ位置づけのはずです。

「利得論的な解釈」でも、これらの人々を支配階級として扱えるようにするために、「管理能力」といった「内的資産」を持ち出して、その「所有」から帰結する収益を得ていることを根拠にする議論もありますが、私には苦し紛れに感じられます。「疎外論的な解釈」に立てば、これらの人々を支配階級とみなすことに何の不自然さもありません。それゆえ、以下では「疎外論的な解釈」を採用して議論を進めることにします。

3　階級で「ヨコ」に切り分ける仕方とその他の場合の違い

所得格差と階級はどう違うか

【たしかに支配階級と被支配階級の間には所得格差がある場合が多い】

さて、これまでの議論で、「所得格差」や「身分」と「階級」は、どのような点で違っており、どのような点で重なっているのかがはっきりします。

支配階級に属する人であれば、所得も多いのが普通です。支配階級に属する人とは、生産に関する決定権を独占的に握っている人のことです。決定権があるわけですから、自分の収入を増やそうとして、何か適当な理由をつけて、自分の個人的な収入がたくさんになるように、お手盛りで決めることができます。自分たちの決定に従う被支配階級の人々の取り分は、なるべくケチるように決定できますので、それによっても所得格差が拡大します。

逆に、所得の多い人は、支配階級になりやすいということも言えます。例えば、所得の多い人は、おカネを貯めて事業を興して、資本家になって支配階級の仲間入りをする可能性があるのに対して、所得の少ない人は生きていくのにせいいっぱいで、被支配階級でい続けるほかはありません。

【所得が多くても少なくても被支配階級は被支配階級】

このように、「所得格差」と「階級」は重なっていることが多いのですが、本来は別の概念です。ですから、両者が大きくずれる例も容易に見つかります。

たとえば、年俸を何億円も受け取っているスター野球選手のことを考えてみてください。彼らは日本でも有数の高額所得者です。しかし、「階級」という点では、球団に雇われている労働者ですから、「被支配階級」です。他方で球団役員の年収は、スター選手よりもずっと少ない額かもしれませんが、彼らはスター選手に対する「支配階級」の地位にあることになります。

ここ一〇年ほどで「格差」が大きな問題になってきました。注意しなければならないのは、日本で「格差問題」と言うと、正社員と非正社員の所得格差など、労働者階級内での格差がイメージされがちだということです。しかし、この十数年で実際に起きたのは、正社員も非正社員もどちらも含めて、すべての労働者階級が、かつての同じ年齢と比べて所得が下がっていったということです。森岡孝二さんは、これを「全層没落」と言っています。[18]

非正規労働者の労働条件があまりにひどい上に、その割合が増えていますので、ついつい正規・非正規の格差に目がいってしまいますが、同じ労働者階級の間で利害対立があるかのような見方を助長させてはいけないと思います。

【所得格差としてはとらえられない企業所得の増大】

ここで重要なのは、株主への配当や企業の内部留保が増えているということです。内部留保は、個人の所得になっているわけではありません。次のグラフは、国民所得の分配がどう推移したかを示したものです（図1―3）。平成不況の間、労働者が受け取る「雇用者所得」は低下傾向にありますが、内部留保などの「企業所得」は、不況だというのに増加傾向にあります。

「企業所得」は個人の所得ではありませんから、この問題を「所得格差の拡大」と呼ぶことはできません。しかし、経営者という資本家階級の判断によって、自分たちで自由に使える資金が増える一方で、労働者階級が自由にできる所得は減っていったのです。もしかすると経営者の中には、自分の個人的な所得はたいした額ではない人が多いかもしれません。しかし、巨額の資金を意のままに動かして、お好みのプロジェクトを実行するための力は増えたということです。もちろん、「経費」と称して個人的な享楽のために使うこともできるでしょう。

ピケティさんの『21世紀の資本』がベストセラーになったことからも見て取れるように、所得格差問題への関心が高まっています。そのこと自体は悪いことではありませんが、現代日本の資

18――「全層没落　森岡」とネット検索すると、二〇一四年の森岡さんの『政経研究』一〇三号の論文「この四半世紀における非正規雇用者と低所得者の増加」が出てきます。

図1－3

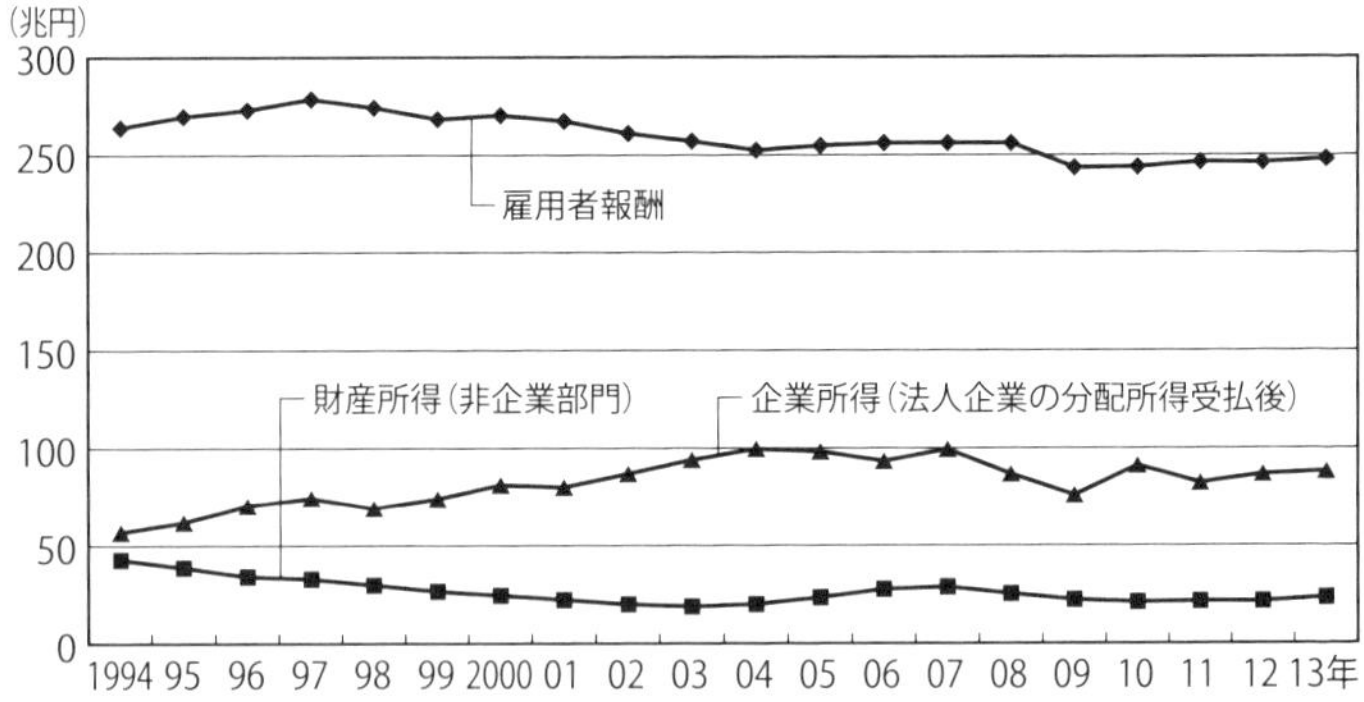

出所：内閣府「国民経済計算」より作成。

本主義経済で本当に深刻な問題は、「所得格差」という観点だけではとらえることはできません。やはり、マルクス経済学における「階級的な見方」を、今こそ復活させることが必要だと思います。

身分と階級はどう違うか

【身分と階級も重なる場合は多いが、基本的に別物】

「身分」も、「階級」と重なる場合が少なくありません。ここで言う「身分」とは、血統によって決まる社会的な地位のことです。とくに封建社会などの前近代の社会では、領主階級などの支配階級の地位は「身分」で決まっていました。今でもその名残はあって、現在、支配階級に属する人たちは、昔から高い身分にあった人たちと、少なからずコネクションを持っているようです。そのおかげで、高い身分の人たちは有利な情報を手に入れたり、いい就職先が見つかったり、おいしい仕事をまわしてもらったりできるでしょう。つまるところ、彼らは支配階級の一員になりやすいというわけです。

そうではなく、低い身分から出発して、運と努力によっておカネや権力に恵まれるようになった人の場合、自らの出自にコンプレックスを持っていて、高い身分の血を引いた人と姻戚関係を結ぶことが少なくないようです。こうして、わが子や孫が高い身分の血を引き継ぐことになります。

現代日本では政治家も財界人も、二世、三世だらけで、官僚トップや旧華族、皇族と姻戚関係でつながりあって「閨閥」と呼ばれるグループを形成していると言われます。いかに一般庶民がのし上がっても入り込めない世界ができてしまっているのです[19]。

こうして、高い身分と支配階級は一体化していることが多いですし、多くの場合、差別を受ける身分の人たちは、出発点でハンデをつけられて、被支配階級としての地位を強いられることになります。

しかし、太宰治の『斜陽』に描かれた戦後の没落貴族のように、高貴な血を引きながら、世の中が移り変わって被支配階級の一員になったという人は、今でも少なくありません。それとは逆に、いわれなき差別を受ける身分の出身であると同時に資本家階級の一員で、はぶりのいい人も

19——神一行さんの『閨閥——特権階級の盛衰の系譜（改訂新版）』（角川文庫、二〇〇二年）をぜひお読みください。頑張ろうという気持ちがなくなります（笑）。

います。前近代においてもそれは同様で、江戸時代には武士と一般庶民の身分差がありましたが、並の武士よりよほど財力も影響力も大きい商人がいました。

生産に関する基本的意思決定ではない上下関係との区別

【生産と関係ない上下関係と階級は違う】

注意しなければならないのは、重要事項について意思決定をする人とその指示を受け取って働く人の関係と言っても、それは「生産に関するもの」でなければ「階級」とは言わないということです。

ですから、「教授」と「学生」の関係は、「階級関係」ではありません。もちろん教授は学生を指導し評価する立場にありますから、そこには権力関係があると指摘されてきました。私のゼミ生などを見ていると、「そんなん、どこの話やねん」という気になりますが、今でも「アカハラ」が問題になるということは、そうした権力関係が見て取れるような現実も少なくないということでしょう。しかし、それは生産に関する意思決定ではありませんので、「階級関係」ではないのです。むしろ、少子化のおり、大学も生き残り競争に必死で、学生さんは年々、「お客さん」として扱われるようになっていますから、今では学生のほうが教授よりも立場が上になってきているとも言えます。「医者と患者」「アパートの大家と住民」なども似たような関係だと言えるでしょう。

ただし、大学での研究が産学共同の下で進められるなど、生産活動の一環に組み込まれるようになってきて、学生も教授の指示の下、その一端を担っているときには、ある程度はそこに「階級関係」があると言えるかもしれません。

【現場の業務決定をいくらしても被支配階級】

「階級関係」があると言えるには、指示を出す側とそれに従って働く側の関係が「生産に関するもの」でなければなりませんが、そこで見落としてはならないのは、その意思決定が重要事項に関するものだということです。いかなるスーパー支配階級でも、こまごましたことまで自分で決めるわけにはいきません。実際には、その決定内容が具体的になればなるほど、より下のランクの人に決定をゆだねていくのが普通です。ですが、細かなことを決めることができるとしても、自分たちの運命がかかわる重要事項を決められなければ、その人も被支配階級の一員でしかないのです。

たとえば「QCサークル」のように、作業手順をどうするか話し合わせたり、「意見集約」などと言って、分厚い資料を渡して業務をどう運営するかの会議を開かせたりする企業がありますが、そこで行われていることは、「生産に関する重要な決定」ではありません。そうした話し合いの裏で、経営者による判断によって、今まで稼いだ資金を注ぎ込んで土地を買って大きな工場を建てることがいつの間にか決まっていたりしますが、そういうことが「重要な決定」であって、それを決めているのが「支配階級」なのです。置塩信雄は「生産に関する基本的決定」という言い方をしています。

ですから、プロ野球の「監督－選手」の関係において、いくら監督の命令に従って選手が行動したとしても階級関係とは言えません。なぜなら監督は、選手の雇用も、球団の身売りや合併も、自分では決められないからです。ですから、プロ野球の監督も、選手と同じ被支配階級の一員なのです。

それと同じように、社会サービスを提供している末端の公務員と市民の関係も、階級関係ではありません。近年は、公務員であればすべて支配階級であるかのようにみなし、「階級闘争」のように攻撃の対象にする風潮がありますが、支配階級にあたるのは、決定を行っている最高幹部層であって、末端の公務員はただの被支配階級です。

どこまでを「重要な決定」とみなすかはあいまいです。現代日本において「使用者」と「被雇用者」をどう区別するかは、法律で定められていますが、それと実質的な権力の所在とがぴたりと一致するわけではありません。ですから、とりあえず「取締役会」や「理事会」などのメンバーを支配階級としておき、踏み込んで議論をする必要があるときには、具体的な事例に則して判断するしかないと思います。

独立した事業者間の関係ではどうなる？

【独立した事業者間の取引関係でも事実上の階級関係は多い】

それ以上に難しいのは、独立した業者同士の取引関係です。お互いが別の取引相手を見つけることができ、最終的には相手の言いなりにならなくてすむ関係であれば、それは「階級関係」ではありません。ですが、「偽装下請け」などのように、実態としては賃金を払う雇用‐被雇用関係なのに、形の上では独立業者との下請け取引にしている悪質なケースが問題になったりします。これは問答無用で「階級関係」でしょう。

この両者の場合はクリアですが、その中間には微妙なケースがたくさんあります。江戸時代の日本にも中世ヨーロッパにも、**「問屋制家内工業」**と呼ばれる生産方式がありました。農家の人たちが、商人から原材料を借りて自分の家で加工し、出来上がった品物を商人に納めて加工賃をもらうというやり方です。私の子どもの頃（一九七〇年代）には、近所の主婦が、繊維工場の下請けとして自宅で内職をするのが流行っていました。このようなケースでは、発注する側の力が圧倒的に強いので、「階級関係」と言って差し支えないと思います。

これまでに何度か、プロ野球選手を引き合いに出しましたが、実はプロ野球選手は、法律上は個人事業者（正確には「個人事業主」）です。しかしその実態は、球団に雇用されていると言えるでしょう。「プロ野球選手会」が労働組合として認められていることからも、それは分かります。芸能人も、芸能プロダクションに雇用されていると思っている人が多いかもしれませんが、実は個人事業者です。少なくとも、法律上は雇用契約関係にはありません。ですが、よほどの売れっ子でなければ、事務所の言うことを拒否できませんよね。実質的には雇用関係にあるので、芸能人と事務所の場合も「階級関係」と言えます。

下請けの側が、個人ではなく会社となっていて、その社内で雇用関係があるような場合には、話は微妙になってきます。仕事を発注する会社とそれを受ける下請けの会社は、法律上はれっきとした取引関係です。しかしその実態は「親会社／子会社」という、絶対的な支配・従属が貫く「階級関係」で、子会社の経営者は実質的にはただの中間管理職ということも多いかもしれません。

4　現代日本の階級構成の推移

【労働者階級を「労働者階級」と「新中間階級」に分ける分類法】

さて、では現代日本の階級は、どのような構成になっているでしょうか。

日本でいま一番詳しく実証的な階級研究をしているのは、橋本健二さん[20]だと思います。橋本さんは、現代の階級を、資本家階級、労働者階級、旧中間階級、新中間階級の四つに分けています。

私たちがこれまで述べてきた分類と比べてみた時の最大の違いは、「中間階級」を二つのカテゴリーに分けていることです。

「新」ではなく「旧中間階級」のほうは、本章の冒頭で「中産階級」と呼んだものです。つまり、自営農民や個人商店、その他の自営業者のことです。「中間」とは言っても、労働者階級よりも所得が少ない場合が少なくありません。労働者階級は生産手段をまったく所有していないのに対して、これらの人々は、小規模ながら農地や店舗などの生産手段を持っているので、「中間」と呼ぶわけです。

これに対して「新中間階級」とは管理職や専門職のことで、伝統的な階級分類では、ほぼ労働者階級に含まれます。私たちの見解でもそうです。生産手段を持っておらず、資本家に雇用されて賃金を受け取って生活しているからです。

橋本さんによれば、戦後日本の歴史学者や社会学者も、この四分類を使ってきたようですが、この概念の提唱者であるエリック・ライトさんは、管理職や専門職はその組織において高い地位にあったり特別な技能を持っていたりすることで剰余を得ており、その意味で「新中間階級」というカテゴリーには根拠があるという議論をしているそうです。たしかにローマーさんの「利得論的な解釈」にもとづく階級論のもとで、経営者やソ連のノーメンクラツーラを「支配階級」であると規定するにはこの理論を用いざるを得ないのですが、しかしそうなると、普通の管理職や

20――以下では、橋本さんの『「格差」の戦後史――階級社会日本の履歴書【増補新版】』(河出書房新社、二〇一三年)を用いています。

専門職もみな、いくらかは「支配階級」であり、「搾取する者」だということになってしまいます。

長らく日本では過労死が問題となってきましたが、ひどいケースでもっとも目につくのは、ホワイトカラー（事務労働者）です。アメリカにおいても、『窒息するオフィス』（岩波書店、二〇〇三年）という本の中で「ホワイトカラー搾取工場」と呼ばれるほどの苛酷な現実があります。ですから、「新中間階級」は「搾取者」であるとか、労働者と比べて搾取が緩いといった規定には違和感があります。

とはいえ、「疎外論的な解釈」に立った場合にも、ほとんどの労働者がマニュアルどおりに仕事をしなくてはならないのに対して、管理職や専門職は、自分の頭で判断をする余地が比較的多いのは事実です。その意味で、単純労働者とは違いがあるということには根拠があります。しかし、経営者が決めた基本路線からはずれることはできません。独自の判断であっても、その基本路線のためになされることを強いられます。その点で管理職や専門職も、本質的には単純労働者と同じ階級に属していると言えるでしょう。

【旧中間階級が没落し、広義の労働者階級が圧倒的多数者になっている】

とは言え、橋本さんが分類した「労働者階級」と「新中間階級」とが、それぞれどのような割合になっているかは興味深いお話ですので、橋本さんの本から、日本における階級構成の割合を紹介しておきます（図1―4）。

このグラフでいう「資本家階級」は、経営者・役員のことです。統計データは『国勢調査』に依拠しています。じつはこの調査では、従業員の規模については調べていませんから、少しでも人を雇っていれば、「資本家階級」に分類されることになってしまっています。ですから橋本さんは、本来であれば「旧中間階級」に入るべき人が「資本家階級」に入ってしまって、「資本家階級」が過大推計されていると自ら指摘なさっています。

図1－4　日本の階級構成比（％）

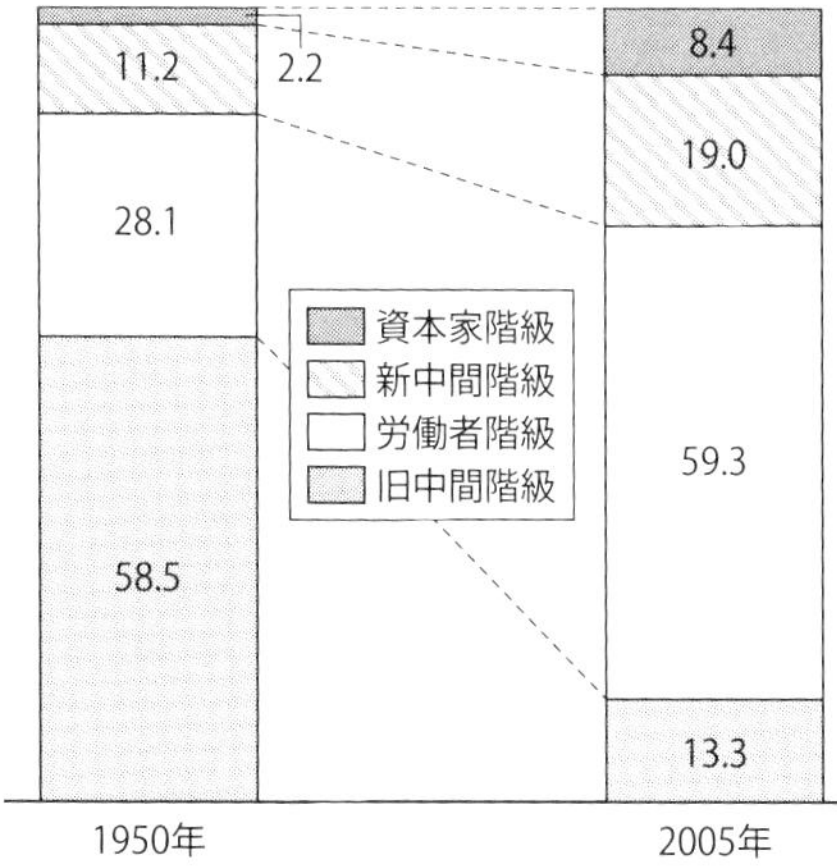

出所：橋本健二『「格差」の戦後史【増補新版】』p. 41より。

近年の日本では幹部候補の女性正社員も増えていると思われますが、橋本さんの計測では、「新中間階級」は管理職・専門職と男性正社員事務職の合計となっており、女性事務職はそこに含まれていません。彼女らはすべて「労働者階級」に入れられているのです。

こうした問題があるということを理解した上で、橋本さんが計測した階級構成比を紹介します。橋本さんの本では、一九五〇年から二〇〇五年までの数値を五年ごと出していますが、ここではその最初と最後のデータのみ掲示しておきます。

この計測結果でもっとも顕著な特徴は、一貫して「旧中間階級」が減少し続け、「労働者階級」が増え続けているということです。一九五〇年には構成比が58・5％であった「旧中間階級」が、二〇〇五年にはわずか13・3％にまで減っています。それに対して、一九五〇年には28・1％であった「労働者階級」は、二〇〇五年には59・3％にまで増加しています。「労働者階級」と「新中間階級」を足した、**広義の労働者階級は、二〇一三年末段階で78・3％を占めるに至っています。**

「新中間階級」は少しずつ増加し、二〇〇五年では19％になっていますが、もっともその割合が高かったのは、実は二〇〇〇年で19・6％でした。橋本さんはその理由を、正規雇用の縮小と関連づけて考察しています。

このほか橋本さんは、他の階級の出身者と比べて、父親の所属階級が子どもに引き継がれる割合が高く、それによって階級が閉鎖的になっている度合いを、「オッズ比」という統計学上の尺度を用いて調べています。それによれば、一九七五年まではすべての階級で閉鎖性が少なくなっていたのに、その後、逆転がはじまり、近年ではすべての階級で閉鎖性が高まっていると言います。とくに資本家階級では閉鎖性が非常に高まっており、一九五五年では7・465であったオッズ比が、二〇〇五年には12・748まで上昇していると指摘しています。

【階級社会的現実がやってきたときに階級的見方が忘れられている】

ここで紹介したような経済的な現実は、マルクスが「資本主義的蓄積の一般法則」として描いた古典的な階級社会へと近づいていることを示唆しています。本章の冒頭でも述べたように、旧中間階級が没落し、続いて比較的弱い資本家が没落し、ごく少数の資本家と、圧倒的多数の労働者への二極分解が進んでいるのです。

ところが近年の経済学や政治運動の動向を観察すると、こうした階級的見方から、いっそう離れてきているようです。橋本さんの本によれば、一九六五年段階では、「資本家階級」と「旧中間階級」――ようするに生産手段を所有する階級――は保守政党を、「労働者階級」と「新中間階級」――ようするに広義の労働者階級――は社会党・共産党という革新政党を支持するという区分が明確にあった。ところがその後、もっとも革新政党の支持基盤となるべき中小零細企業の「労働者階級」から先に、革新政党の支持者ではなくなっていき、やがては革新政党の支持基盤は、大企業・官公庁の労働組合員ばかりになってしまう。社会に対する中小零細企業の労働者の不満は、その後、高まっていくわけですが、それが革新政党の支持には結びつかず、自民党の支持へとつながっていったのだと言います。

それで言うなら、社会党の「現実化路線」から、その後の民主党へと向かう流れは、生活の苦しい労働者のこうした望みとは逆方向へと進んでいったと言えます。階級が問題の核心としてせり上がってきたそのときに、階級の問題は忘れられて、民族などの「アイデンティティ」の問題が、政治闘争の焦点となる傾向が強まったと言えるでしょう。例えば、少数民族や移民、同性愛などの差別に反対する闘いと、主流民族のナショナリズムとの抗争などです。

経済学の世界においても、マルクス経済学が衰退し、「階級」概念をもたない新古典派経済学が主流となっていきましたが、それに不満のある体制批判的な学徒の多くは経済学を離れ、「アイデンティティ」の問題をその中核に据える社会学などへ流れていくこととなります。

こうして、「階級的な見方」がこのまま復活することなく、階級社会的な現実が進行していったなら、その現実がもたらす社会的な不満は、「アイデンティティ」的見方の線に沿って、早晩、民族排外主義のような形で吹き出すことになるでしょう。マルクス経済学を自称するかどうかはともかく、「階級的見方」を基礎にした経済学の復活が強く望まれる時代になっているのです。

（松尾匡）

第2章

疎外論と唯物史観

1　フォイエルバッハの宗教批判を引き継ぐ疎外論の図式

「神」は疎外だと批判したフォイエルバッハ

【疎外＝自分に属すべきはずのものが、自分のコントロールの効かない外に離れて、自分とは疎遠なものになってしまう】

この章では「疎外論」と「唯物史観」について検討します。

マルクス経済学の特徴は何かと聞かれると、「唯物史観」と答える人は多いと思います。たしかに私も、それはそのとおりだと思います。しかし、マルクス経済学者が今でもみんな「唯物史観」を信奉しているかといえば疑問です。まったく「唯物」的ではなく、「人権」や「正義」などの理念を、歴史を動かす主因だととらえている人も少なくないように見受けられます。そうかと思えば、資本主義擁護派のなかでもその極北をいく論者と思われている、合理的期待学派の教祖のロバート・ルーカスさんが一種の唯物史観の支持を表明したり[1]、主流派の代表的な経済発展論者のロストウの見解を、大西広さんが「唯物史観」と同列視したりと[i]、マルクス主義者を自称していなくても「唯物史観」に立っていると考えられる人も多いのです。

では、マルクス経済学にとって、「唯物史観」とはどのような位置づけであるべきなのでしょうか。本章の後半で、このテーマについて論じます。

他方、マルクス経済学の特徴は何かと聞かれ、「疎外論」と答える人もいるかもしれません。ですが、それ以外にこの本で取り上げる「階級」とか「唯物史観」、「労働価値説」と比べると、その認知度はそれほど高くはないようです。

それもそのはず。ソ連共産党がお墨付きを与えた「正統」的な解釈は、広く世に流布したものですが、そこでは疎外論は認められていないからです。ソ連共産党の権威に反発した一九六〇年代の若者の間ではずいぶん流行ったようですが、あとで述べるように、相当いい加減な解釈だったようで、その後すっかり廃れてしまいました。

しかし、疎外論を言い続けたマルクス論者もそれなりにいます。現に私も、「マルクスの全体系は疎外論でできている」と言ってきました。[2]

「疎外」という言葉は、日常生活の中では「仲間はずれ」という意味で使われますが、疎外論ではそうした意味ではありません。「疎外」を意味するドイツ語の Entfremdung のうち、ent は「外

1――ルーカスさんについての日本語版ウィキペディア記事で言及されています。出典は EconTalk というインタビュー・シリーズで、"Lucas on Growth, Poverty and Business Cycles" で検索すると音源のページが出てきます。その最後の二分ほどでこの話をしています。

に」という意味で、fremdungは「無縁になる」とか「よそよそしくなる」という意味です。マルクスの時代における主たる論者において、「疎外」とは、ほぼ共通して「自分に属すべきものが、自分のコントロール外へと離れていき、自分とは疎遠なものになってしまう」ことを意味していたのだと思います。

【フォイエルバッハは「神は人間の本質の投影」と言った】

若きマルクスとその生涯の友であったエンゲルスが、当時、直接的な影響を受けたのは**ルートヴィッヒ・フォイエルバッハ**の疎外論でした。フォイエルバッハは主著『キリスト教の本質』などでキリスト教批判を行い、マルクスもエンゲルスもそれを読んで大感激したのでした。

フォイエルバッハは、理性的で道徳的で慈愛に満ちた「神」というものは、すべての人間に共通する性質＝「人間の類的本質」を、人間の外へと投影したものだという議論を展開しました。その上で、このようにして投影されたものが、人間とは遠い別の存在のように認識されてしまうのだと言います。つまり、理性的で道徳的で慈愛に満ちているという、自分に属すべきものが、自分のコントロールの効かない圏外へと離れて、自分とは疎遠なものになってしまうということです。

いったんこうなると、神の抜け殻でしかなく、たやすく本能に振り回される卑小で利己的な自己しか自覚できなくなり、神にひれ伏すことによってしか、社会性（類的本質）を取り戻せなくなります。「こんなダメな私を、かくも偉大な神様が愛してくださる」というわけです。このような図式を指して、フォイエルバッハは「疎外」と言い、こんな惨めでしんどいことはやめようと批判したわけです（図２−１）。

【「生身の個人が主で理性は従」がフォイエルバッハの立場】

フォイエルバッハの疎外論は、その前の時代のカリスマ哲学者、ヘーゲルの言っていた「疎外論」を批判して、それをひっくり返したものです。

ヘーゲルによれば、この世の主人公は「理性」です。理性的なことは「本質」をなすため、この世に直接的には現れないとされます。「本質」のことを「正体」と言い換えてもいいでしょう。この世において、往々にして理性は、正体とは異なる姿に歪められて、つまり、「化けて」現れるわけです。これが「現象」、つまり「正体」それ自体ではない「見た目」の姿です。

2——詳しくは、二〇〇八年刊の拙著『「はだかの王様」の経済学』（東洋経済新報社）をご覧ください。新刊のPHP新書の拙著『自由のジレンマを解く』でも詳しく取り上げています。また、マルクス思想を、神・国家・資本の三大疎外からわかりやすく説明したものに、森信成の『唯物論哲学入門』（新泉社、一九七二年）があります。二〇〇四年に改訂新版が出ています。最近出版された田上孝一さんの『マルクス疎外論の視座』（本の泉社、二〇一五年）も、文献考証の専門家による平易な文章の解説書ですが、疎外が私有の原因という因果論、フォイエルバッハの宗教批判の継承、労働者が解放主体である理由、分業が疎外の原因とする議論、疎外克服は労働者自主管理とする認識など、多くの論点で本書と共通しています。

図2－1

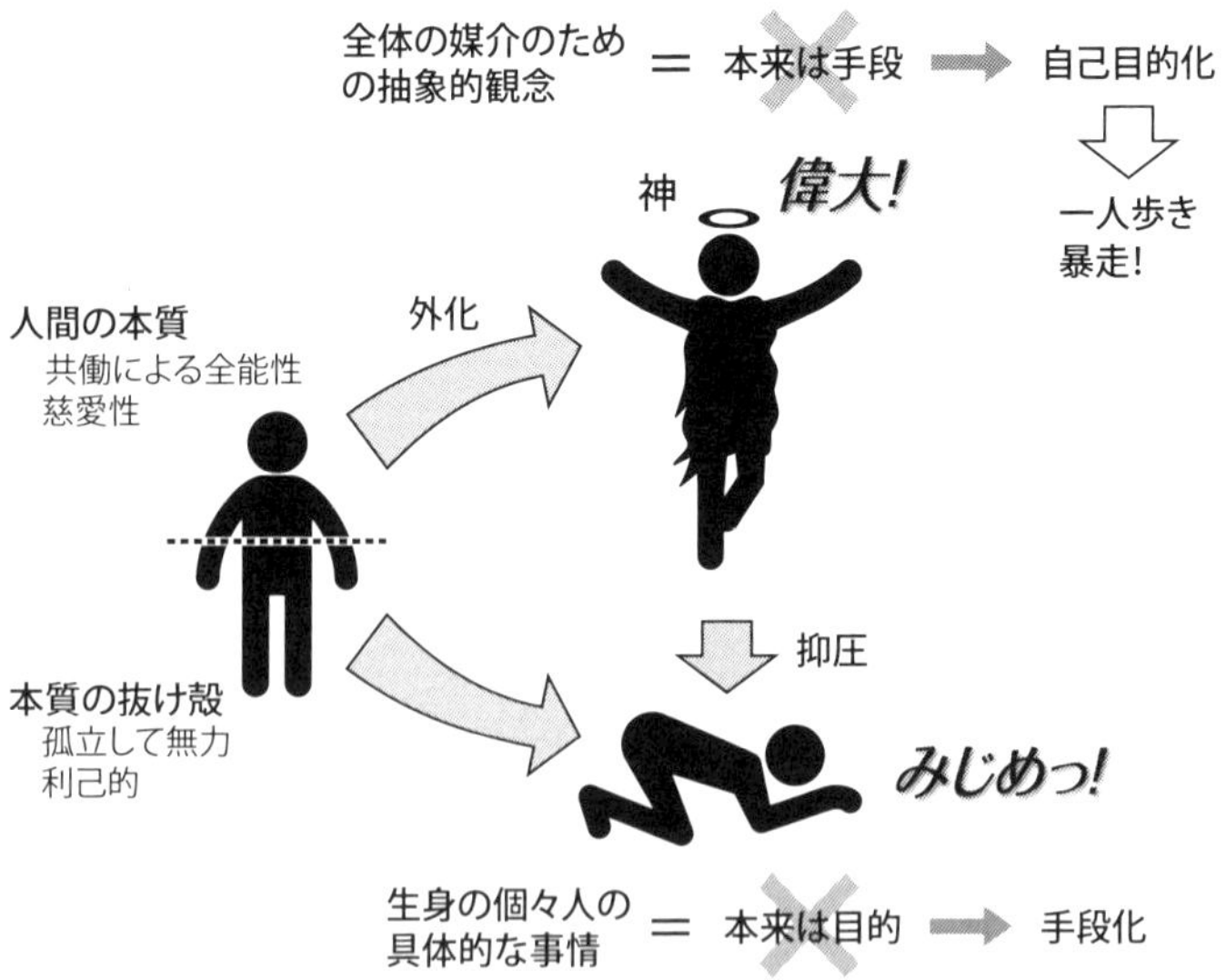

このように、ものごとが「あるべき姿＝本質」どおりに現れず、歪められて現れるということをもって、ヘーゲルは「疎外」と言いました。つまり、理性に属するべきものが、理性の外側で実現されたとき、具体的なあれこれの条件のせいで歪められ、理性とは無縁の姿になってしまうということです。

分かりやすく言えば、頭の中で理性が思い描いた理想の作品が、素材の物質的・肉体的制約および本人の技能の未熟さのせいで、理想どおりの姿では立ち現れないということです。この場合、理性が主人公となっており、物質や肉体として立ち現れたものが、この理性の圏外へ離れていってしまうということが問題とされています。

フォイエルバッハの場合、この図式が反

転させられています。つまり、肉体を持った人間が主人公とされ、人間の「考え方」である「神」がそこから離れていってしまうことが問題とされています。以上のことから、ヘーゲルの考えは「観念論」的であり、それをひっくり返したフォイエルバッハのそれは「唯物論」的だと言われる理由が分かるのではないでしょうか。

つまり、「唯物論」において、本来の目的は生身の肉体や本能、感覚であるとされ、理性や宗教などの「観念」はそのための手段である、という図式になっているのです。ソ連共産党による公式解釈では、「唯物論」には科学的・客観的なイメージがあるのに対し、「観念論」には感性的なイメージがあるわけですが、それとは真逆のイメージになるわけです。

フォイエルバッハは自然主義者で、本能や肉体を肯定する立場から宗教批判をしているのです。大真面目なドイツ哲学風の堅い文章で、セックス礼賛のようなことも書いています[ii]ので、読んでいて笑えます。このように、「理性」とか「理念」とかではなくて、食って寝て排泄して愛し合って生きている生身の人間を主体とし目的としている[iii]点で、「唯物論」と称されるのです。

ところが現実世界では、それが逆立ちしてしまって、「神」のような観念が主人公となり、自己目的化していくと同時に、生身の人間を手段化し、犠牲にしてしまう。それはいけないことだという価値判断が、「唯物論」という言葉には込められているのだと思います。命を持った一人ひとりの生身の個人を大事にしようという価値判断です。

【フォイエルバッハにならったマルクスの宗教批判】

先述のように、若きマルクスやエンゲルスは、フォイエルバッハの議論に大いに感激し、ハマりました。マルクスは、フォイエルバッハにならって、宗教批判を始めます。当時の『ヘーゲル法哲学批判序説』でマルクスは、「宗教は、人間的本質が真の現実性をもたないがために、人間的本質を空想的に実現したものである」[3]と、フォイエルバッハと同じようなことを述べています。

しかし、どちらかと言えばフォイエルバッハの解決方法が、疎外の構造をそれぞれが自覚して、わが身における「人間の本質」を自覚すればいいというものであったのに対して、マルクスの関心は、これを生じさせる現実的な原因をなんとかしようという方向に向かっています。「人間的本質が真の現実性をもたないがために」という文言にもそれは現れています。

マルクスの有名な「宗教は民衆の阿片」という言葉は、ここから出てくるのです。「この世があまりにもキツいから、何かにすがらざるを得ず、それが宗教である」といった意味です（当時の欧米では、有名人でもアヘンを公然と経口摂取することがはやっていて、今日ほど毒物視されていませんでした）。この問題について、マルクスがどのようなことを言っていたのか、該当する箇所を引用しておきましょう。

「宗教上の悲惨は、現実的な悲惨の表現でもあるし、現実的な悲惨にたいする抗議でもある。宗教は、抑圧された生きものの嘆息であり、非情な世界の心情であるとともに、精神を失った状態の精神である。それは民衆の阿片である。／民衆の幻想的な幸福である宗教を揚棄することは、民衆の現実的な幸福を要求することである。民衆が自分の状態についてもつ幻想を棄てるよう要求することは、それらの幻想を必要とするような状態を棄てるよう要求することである。[4]」

マルクスの国家批判に見られる疎外論の図式

【国家は回り路による人間の認知】

マルクスはこの図式を国家批判に応用しています。『ユダヤ人問題によせて』でマルクスは、近代国家は宗教の自由を宣言したが、依然として、自分自身を崇拝させる宗教国家であると述べました。

「人間は、国家の媒介によって自分を無神論者であると宣言する場合でさえも、すなわち国家を無神論者と宣言する場合でさえも、なお相変らず宗教的にとらわれている。なぜなら、彼はただ回り路によってだけ、一つの媒介物を通してだけ、自分自身を認知しているにすぎないからである。宗教は、まさに回り路による人間の認知にほかならない。つまり一つの媒介者を通じての人間の認知なのだ。国家は人間と人間の自由との媒介者である。[5]」

「回り路によって、自分自身を認知している」と述べられていますが、これは、フォイエルバッ

3――岩波文庫版（『ユダヤ人問題によせて　ヘーゲル法哲学批判序説』城塚登訳）では、七二ページ。
4――同上。
5――同上書、二二一ページ。

ハによる宗教批判の論点でしたね。自分自身から、社会全体に通用する側面を抽出し、自分のコントロール圏外にあるものであるかのように思いなし、それにひれ伏すことによって、自分という存在を「認知」するということです。「神」もそのようなものだが、「国家」もまた同じだというわけです。

引用文の最終行に「人間の自由」という言葉が出てきますが、これは人間が協働することで財貨を作り出したり病気を克服したりと、さまざまなことができるようになることを意味しています。それで言うなら、「国家は人間と人間の自由との媒介者である」というのは、国家を媒介とすることで、はじめて人間は社会的な協働に参加することができるという意味で、つまり、私たち人間一人ひとりの自発性によってではなく、法令などによるコントロールを外部から受けることによって世の中が回っていく、ということです。マルクスはこうした在り方に批判的で、国家という「媒介」を経ずに、お互いが直接つながり合って協働すればいいとする立場から言っているのです。

【国家が疎外されると人間は公共性の抜け殻になる】

マルクスは、ここで次のようにも言っています。

「完成された政治的国家は、その本質からいって、人間の類的生活であり、人間の物質的生活に対立している。この〔物質的生活という〕利己的な生活のあらゆる前提は、国家の領域の外部に、市民社会のなかに、しかも市民社会の特性として存続している。」[6]

ここで言われている「完成された政治的国家」とは、宗教の自由を宣言し、世俗の政治に純化したはずの近代国家のことです。「市民社会」は「ブルジョワ社会」とほぼ同じ意味で、市場で商品を取引している場、つまり、ビジネスの世界のことです。

国家についてマルクスが「類的」と言っているのは、人間の社会的な側面のことであり、理性や公共性などのことです。フォイエルバッハはそれを「神」の正体とみなしましたね。それが、私たち人間によるコントロールの圏外へと投影される。それに対して生身の人間のほうは、公共的な側面を失い、国家とは関係のない、ビジネスの世界で私欲を追求するだけの存在になっている。それゆえ、公共的な国家は「人間の物質的生活に対立」するわけです（図2－2）。

マルクスは『ユダヤ人問題によせて』の中で、その極端な例として、フランス革命政権がしたことを挙げています。[7]市民社会における利己的な個人の自由を「人権」として宣言し、国家はそのための手段だと言っておきながら、実際にしたことといえば、政治のために個人の自由を容赦なく踏みにじるということでした。

マルクスは、この書が刊行される直前の著作『ヘーゲル国法論批判』では、「ヘーゲルは国家

6――同上書二四ページ。
7――同上書四六－四八ページ。

図2－2

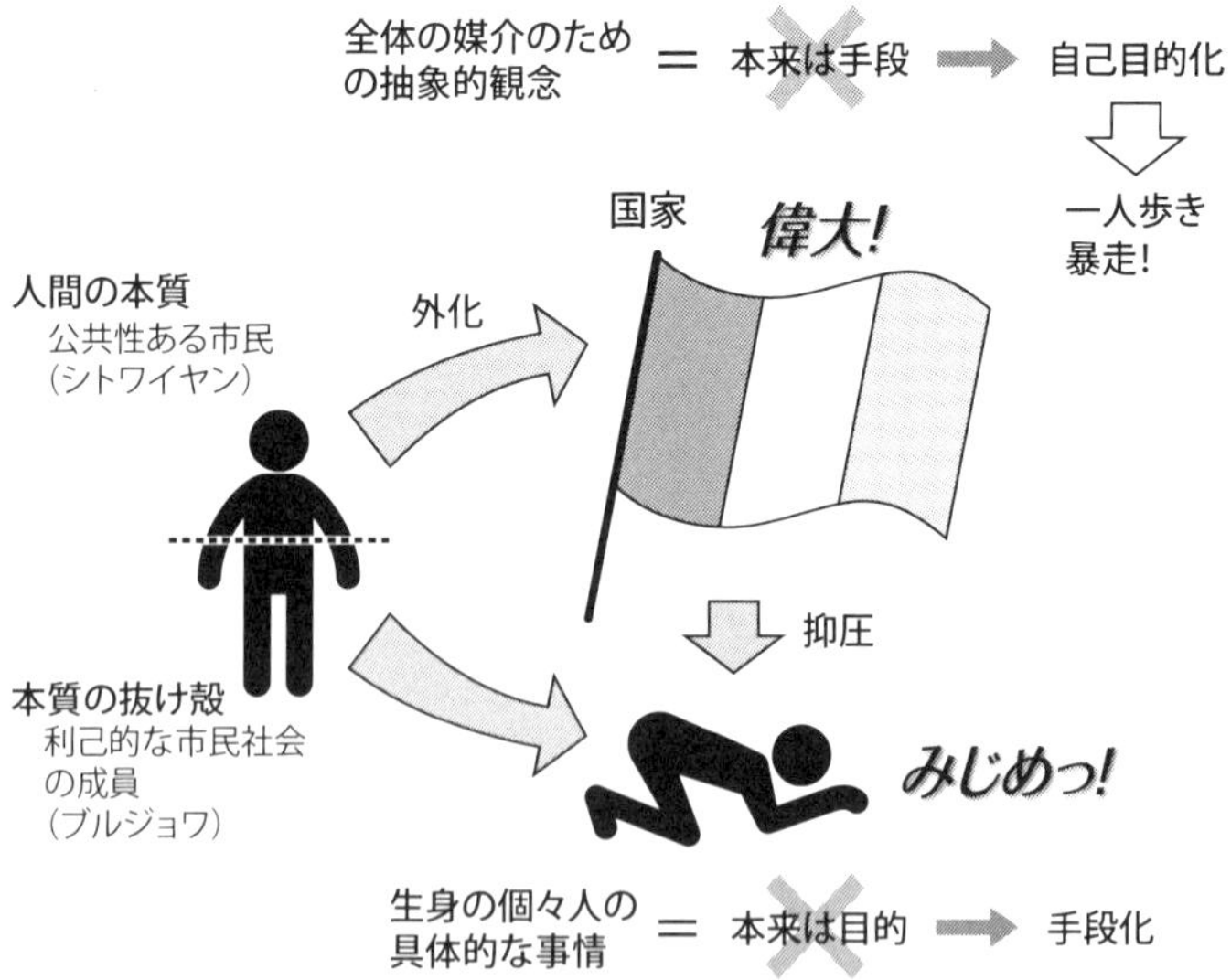

から出発して、人間を主体化された国家たらしめ、民主制は人間から出発して、国家を客体化された人間たらしめる。宗教が人間を創るのではなくて、人間が宗教を創るように、体制が国民を創るのではなくて、国民が体制を創る[iv]」と述べ、民主制を提唱していました。『ユダヤ人問題によせて』では、もっとラジカルに次のように訴えています。

「現実の個体的な人間が、抽象的な公民を自分のなかに取り戻し、個体的な人間でありながら、その経験的生活、その個人的労働、その個人的諸関係のなかで、類的存在となったとき、つまり人間が彼の「固有の力」（forces propres）を社会的な力として認識し組織し、したがって社会的な力をもはや政治的な力というかたちで自分から分離しないとき、そのときはじめて、人間的解放は完遂されたことになるのである。」[8]

マルクスのこれらの文章からも分かるように、あくまで生身の個人が主人公であり目的であって、国家はそのための手段として設定されていたはずなのに、いったん国家ができあがるとそれが一人歩きを始めて自己目的化し、生身の個人は手段化され踏みにじられてしまう。したがって、公共的な事柄が個人から乖離していかないようにするには、公共的な力を一人ひとりが直接的にコントロールしなくてはならない、と考えたのでした。

労働疎外が私有財産と階級支配を生み出す

【労働過程が労働者自身の外から押し付けられるのが労働疎外】

マルクスはこの時期、こうした見方を経済にも応用しようとしています。『経済学・哲学草稿』は、その思考の記録です。そこでマルクスは、私有財産も、資本家による階級支配も、労働疎外の結果として生み出されると論じています。ソ連共産党がお墨付きを与えた伝統的な解釈であれば、生産手段を私有財産として扱うことで資本家による階級支配が生まれ、そのような社会システムのもとにおかれたせいで労働疎外が起こるという因果関係になるはずです。ところが、この書では、それとは逆のこと、すなわち、疎外のほうが原因だと書かれているのです。

8――同上書五三ページ。

労働の疎外は、次のように描写されています。

　だから労働者は、労働の外部ではじめて自己のもとにあると感じ、そして労働のなかでは自己の外にあると感ずる。労働していないとき、彼は家庭にいるように安らぎ、労働しているとき、彼はそうした安らぎをもたない。だから彼の労働は、自発的なものではなくて強いられたものであり、強制労働である。そのため労働は、ある欲求の満足ではなく、労働以外のところで諸欲求を満足させるための手段であるにすぎない。労働の疎遠性は、物質上またはその他の強制がなにも存在しなくなるやいなや、労働がペストのように忌みきらわれるということに、はっきりと現われてくる。外的な労働、人間がそのなかで自己を外化する労働は、自己犠牲の、自己を苦しめる労働である。最後に、労働者にとっての労働の外在性は、労働が彼自身のものではなくて他人のものであること、それが彼に属していないこと、彼が労働において自己自身にではなく他人に従属するということに現われる。宗教において、人間的な想像力、人間的な頭脳、人間的な心情の自己活動が、個人から独立して、すなわち疎遠な、神的または悪魔的な活動として、個人の上に働きかけるように、労働者の活動は、彼の自己活動ではないのである。[9]

つまり、労働過程というものが、労働者自身の内発的なコントロールから乖離し、外部から押

図2－3

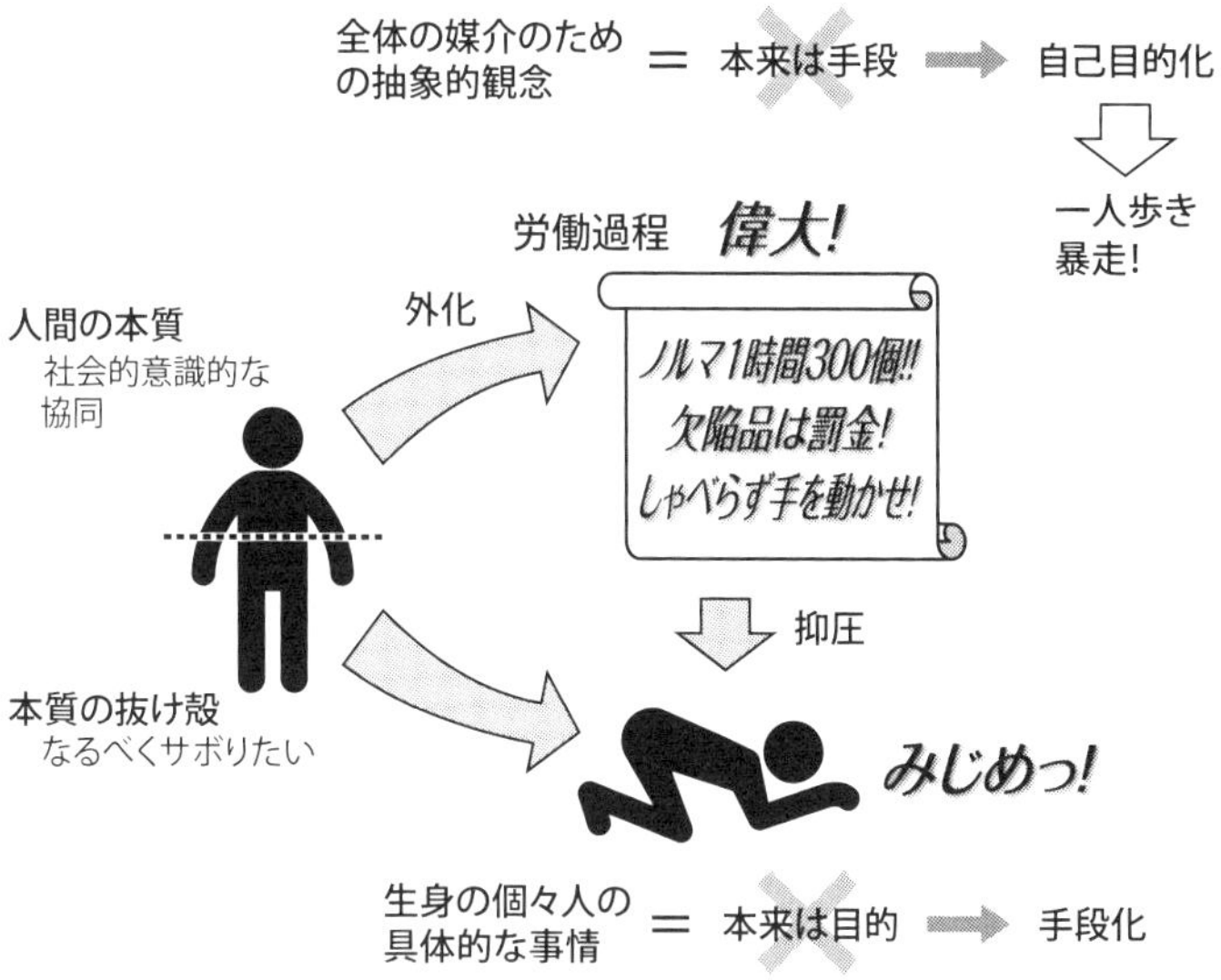

し付けられているということです。本来、労働とは各人の自発的な協働であり、そのことによって、自然を自由にコントロールするものだとマルクスは考えたのでした。だから労働は、人間の社会的な力強い側面という意味で、フォイエルバッハの言う「人間の類的本質」に属することなのに、いまや労働者一人ひとりにとって外的なものとなっており、上から押しつけられてくる――。そのありようが、フォイエルバッハが批判したところの宗教とそっくりだというわけです（図２－３）。

9――岩波文庫版（城塚登、田中吉六訳）では、九一－九二ページ。

【労働疎外があるから資本家の階級支配が発生する】

フォイエルバッハによれば、「神」とは、人間のコントロールを離れて外に投影された観念でしたが、現実には「観念」が空中に浮いているわけはないのですから、誰かそれを実際にこしらえる人が必要になるわけです。それが司祭でした。これと同様に、労働過程とその産物が疎外され、人々のコントロール圏外へと離れていった場合にも、それを仕切る観念が空中に浮いているわけはないのですから、誰かそれを実際にこしらえる存在が生まれ出てきます。

「もし労働の生産物が私にとって疎遠なものであり、疎遠な力として私に対立するならば、そのときそれはだれに属しているのか。／私自身の活動が私に属さず、疎遠な活動、強制された活動であるならば、そのときそれはだれに属しているのか。／私とは別の存在に、である。[10]」

「こうして労働者は、疎外された、外化された労働を通じて、労働にとって疎遠な、そして労働の外部に立つ人間の、この労働にたいする関係を生みだす。労働にたいする労働者の関係は、労働にたいする資本家の、あるいはその他ひとが労働の主人をなんと名づけようと「とにかくその主人の」関係を生みだすのである。したがって私有財産は、外化された労働の、すなわち自然や自分自身にたいする労働者の外的関係の、産物であり、成果であり、必然的帰結なのである。[11]」

つまり労働は、本来は労働する個々人が豊かに楽しく生きていくために行うもののはずなのに、彼らの手から労働過程が離れていき、一人歩きを始めて自己目的化するわけです。するとそれは、「資本家のため」の労働とされることになり、一人ひとりの労働者はその手段と化し、犠牲にされるようになります。

本書の第1章で、世の中を「上／下」に切り分けて、「下」に味方をするのが「左翼」であり、マルクス主義は「下」の階級である労働者階級の立場に立つからこそ左翼なのだと論じました。より根源的にはそれは、一人ひとりの外側から労働が押し付けられることを、生身の人間の側に立って批判するという、疎外論がもつ価値観から来ているのです。

【「ソ連にも労働疎外があるから階級支配がある」となるのが都合悪くて……】

ということは、私有財産をいくら法律で禁止し国有化しても、労働者の外側から労働過程が押し付けられているかぎりは、「ひとが何と名付けようと」「労働の主人」が発生し、労働過程とその産物は、実質的にはその「労働の主人」の私有財産となるということです。

『経済学・哲学草稿』は一八四三年から四五年にかけて書かれましたが、その存在は長らく知られることなく、一世紀近くを経た一九三〇年代になって発見されました。

そのころのソ連はと言えば、独裁者スターリンが何の罪もない民衆を大量に殺しまくっていたときでした。その暴虐の事実は、諸外国に露見しないよう、ひた隠しにされていましたが、ソ連

10――同上書九九ページ。
11――同上書一〇一－一〇二ページ。

における労働過程が、労働者のコントロール下になく、上から指令されて行われていることは、世界中の多くの人の知るところでした。ソ連に「疎外」があることは、隠しようのない事実だったのです。

『経済学・哲学草稿』での議論にもとづくなら、「ひとが何と名付けようと」、ソ連には資本家同様の支配階級が生み出されるということになります。しかしそれはソ連共産党の支配者にとって、都合の悪いことです。自分たちはマルクスの言うとおりに国をつくって、階級のない社会主義社会をつくり上げたと自称していたわけですから。

それゆえ、ソ連共産党当局からすれば、「疎外論」はなんとしても否定しなければならなかった。「疎外論」なんてものは、若きマルクスやエンゲルスの世迷い言にすぎず、『ドイツ・イデオロギー』でフォイエルバッハと決裂して以降は「疎外論」など捨て去って「唯物史観」に転換したのだ――これが、ソ連共産党による正統的な解釈になったわけです。この立場においてマルクス主義は、「唯物史観」や『資本論』での経済分析に象徴される「客観科学」であり、青臭い正義を振り回す「疎外論」はダメだとされました。

【「あるべき姿どおりでない」と批判した六〇年代「疎外論」解釈は間違い】

ところが、スターリンが死んでその暴虐の一部が暴露された後の一九六〇年代に、ソ連共産党の権威に反発した若者のあいだで、青年マルクスの疎外論が見直され、流行したことがありました。しかし、そこで言われた「疎外」は、フォイエルバッハ由来の疎外とはだいぶ違っていたようです。それぞれが、自分のお好みの「あるべき姿」を頭の中で思い描いて、それとは異なる現実を「疎外だ」と断罪するための「お手軽な用語」だったような感じがします。現象が本質どおりでなく歪んで現れるのが「疎外」であるとするのは、ヘーゲルの「疎外論」であって、フォイエルバッハはそれを批判したわけですが、当時流行した「疎外論」は、ヘーゲルのほうと同じような解釈の仕方だったように思います。

当時の若者たちは、ソ連共産党の正統的な解釈と同じように、「唯物史観」や『資本論』での経済分析こそが「客観科学」であるとする命題を受け入れていて、その上でマルクスが本当に言いたかったのは、「疎外論」のほうにあったという議論の組み立て方をしていたのだと思います。これは、客観科学であるはずの『資本論』の命題が示唆するのとは違って、日本をはじめとする先進資本主義諸国では経済成長が成し遂げられ、労働者もずいぶんと豊かになり、「労働者が貧しくなって耐えられなくて革命に立ち上がる」という命題が信じられなくなったために出てきた解釈ではないでしょうか。

そんな現実に飽き足りない学生や知識人が、「大事なのは物質的な豊かさではなく『人間らしさ』だ」「マルクスの命題は実証科学ではない、『科学的社会主義』なんてナンセンスだ、大事なのは『哲学』だ」と言って「疎外論」に飛びついたのだと思います。

しかしそれは、マルクスの疎外論ではなかったのです。フォイエルバッハ由来のマルクスの疎外論に依拠するかぎり、日々の暮らしにまみれて、少しでも豊かになろうとする庶民の側に立ち、そんな生身の庶民こそ主人公であり目的であるとみなすべきなのです。そして、知識人が勝手にこしらえた「あるべき姿」を上から目線で押し付ける姿勢こそが疎外と呼ばれるべきなのだと思います。

後期マルクスにも引き継がれた疎外論の図式

【労働の社会的側面が投影されたのが貨幣】

他方で、青年マルクスの疎外論と、後期マルクスの「唯物史観」や経済分析が別物ではなく、一貫したものだとする論者もいました。私は、その中でも副田満輝の議論に着目し、紹介してきました。

副田は、『資本論』冒頭の「価値形態論」や「貨幣物神崇拝」と呼ばれる図式が、フォイエルバッハ由来の疎外論の図式にあてはまるということを指摘しました。

「価値形態論」とは、商品の「値打ち」が、商品どうしの交換割合として表されることの意味を検討することで、**貨幣**によってすべての商品の「値打ち」が表される必然性を論証するものです。『資本論』の冒頭に出てくるのは、「麻布二〇エレ」と「上着一着」を交換するという例ですが、マルクスはここで、二〇エレの麻布が、一着の上着という別の商品の量で測られるということの意味を考えています。

図2－4

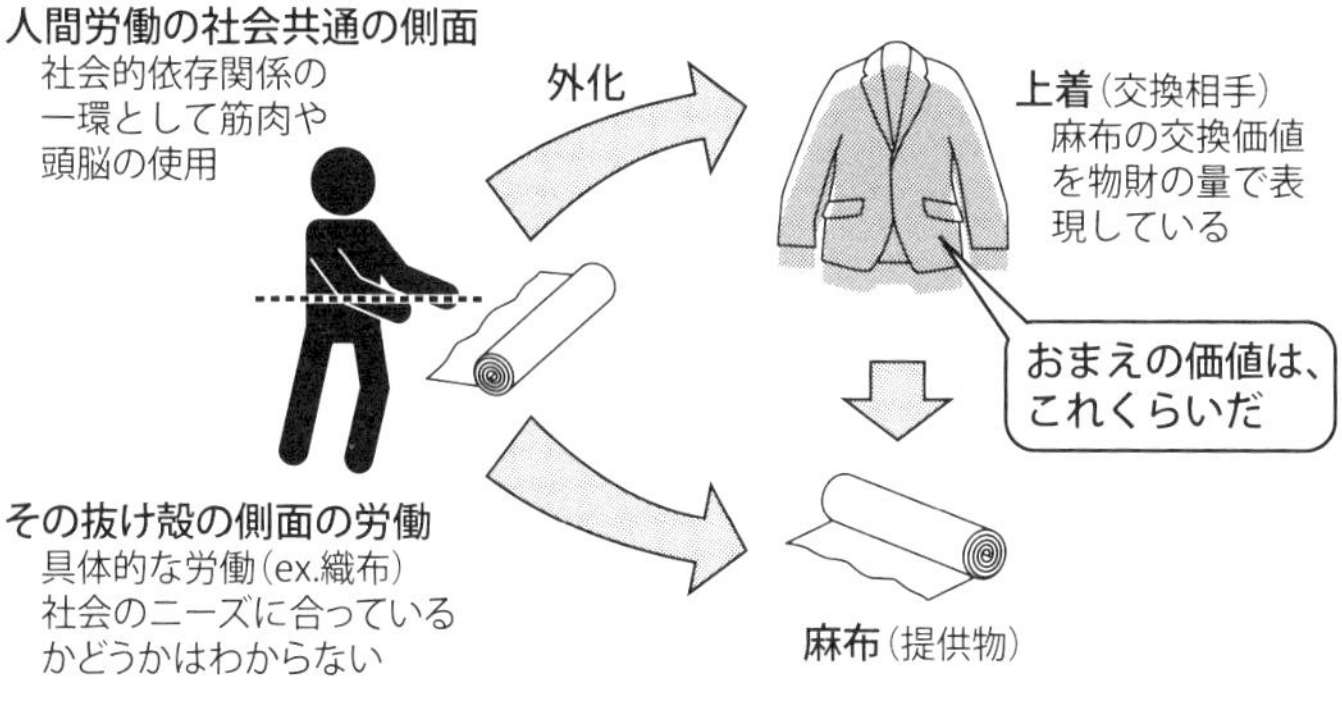

マルクスによれば、麻布を生産した労働の中で、上着を生産した労働と共通する側面だけが抽出されて、上着の量に投影されることになります。この図式は、フォイエルバッハによる宗教批判での「神」や、青年マルクスが批判した「国家」とそっくりです。いずれの場合も、人間各自の、社会全体にあてはまる側面だけが、具体性が切り捨てられて抽出され、外部へと投影されるのです（図２－４）。

こうした在り方が発展して行き着いたのが、おカネで商品の「値打ち」を測るやり方、すなわち**「貨幣形態」**です。このとき、いろいろな商品を生産した労働すべてに共通する側面、すなわち、人間の身体や頭脳を一定時間用いたという抽象的な側面が、しかもそのうち社会に役立った分だけが、実際の労働の具体的なあり方を切り捨てて抽出されて、買い手の貨幣に投影されます。

他方で、貨幣で買ってもらう側のいろいろな商品には、その抜け殻だけが残ります。つまり、織布労働だとか裁縫労働だとか製鉄労働だとかいった具体的な労働の産物として、あれこれの用途に使われる具体的な物体としての側面だけが意識に残ることになります。

　この具体的な用途というのは、社会全体のニーズに合致してこそ意味があるのですが、それを作っている一人ひとりの生産者は、そのニーズを知っていません。その労働は見込みでなされた「私的な労働」です。ですから、せっかく作ったものも、社会のニーズに合わずにムダに終わってしまうかもしれません。

　ちょうどそれは、人間の社会的な本質が抽出されて「神」に投影されることで、利己的で卑小な側面しか自覚できなくなるのと同じです。あるいは、人間の社会的な側面が抽出されて「国家」に投影されることで、物質的な利益を利己的に追求して相争うことしか意識しなくなるのと同じです。

【貨幣は神となり人間を振り回して一人歩きする】

　宗教の場合、各自が「神」にひれ伏すことで、社会的な側面を取り戻し、国家の場合は、各自が国家による外的な規制・抑圧を受けることで、社会的な側面を取り戻すのでした。貨幣の場合もそれと同じです。貨幣それ自体が、まるで社会の化身で、何でも買える力を持ったものと観念されます。貨幣と交換されることではじめて、あれこれの商品は社会的な有用性を実証されて、「神」の信者同様「救われる」のです。ですから、商品生産者は、貨幣にひれ伏すことで、社会性を取り戻すことになるわけです。これは、これまで見た疎外の図式そのものではないでしょう

図2－5

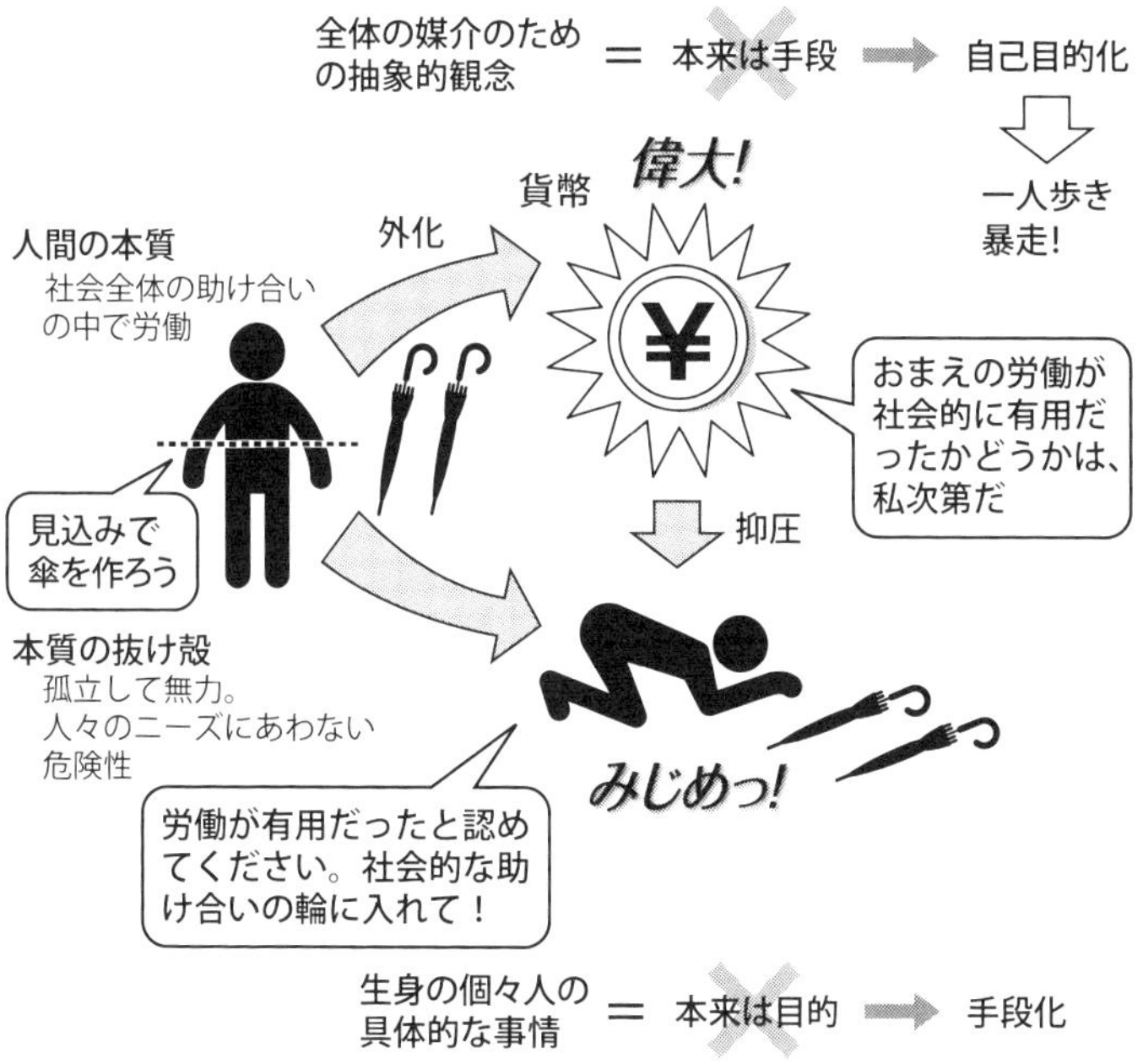

か（図２－５）。
　マルクスはこれを「貨幣物神崇拝」と呼び、宗教の比喩を使って説明しています。本来は、おいしいものを食べたり、楽しい思いをしたりするのが人間の目的で、おカネはそのための手段であるはずです。ところがおカネの亡者は、そのことを忘れて、おカネを貯めることそれ自体を目的にし、自分の暮らしを犠牲にしてしまいます。多かれ少なかれ、誰もがそんな一面を持っています。
　とりわけて、私的判断でなされた労働の産物が、社会のニーズに合わないという危険性は、景気が悪くなった時に高まります。そうなると、誰もが「おカネ」「おカネ」と言って貨幣を追い求め、売れるだけ売って、それで得た貨幣は貯め込んで使わないということが起きます。すると物価が下がるので、貨幣の交換力はますます高まっていきます。貨幣物神の神通力がさらに増すということです。こうした中で、人々はますます貨幣を追い求めると同時に貯め込むようになり、この悪循環が続いて景気は崩壊します。いわゆる「恐慌」です。

人間の社会的な側面が人間から疎外されて、コントロール圏外へと投影されると、やがてそれは一人歩きをはじめ、ときおり暴走するのです。宗教のパワーも国家のパワーも暴走しましたが、貨幣のパワーも暴走するのです。

このようにマルクスは、恐慌が起こる根本的な原因は、人々の貨幣蓄蔵欲求にあるとみなしました。ケインズの「流動性選好説」、すなわち、「何も買う予定がなくても貨幣を手元に残しておこうとする性質が不況をもたらす原因だ」とする説に通じる議論です。

【資本蓄積とは、みんなで使う生産手段が自己目的的に膨張していくこと】

後期マルクスが疎外論の図式を引き継いでいる例として副田があげたのは、ほぼこのようなものですが、この図式は『資本論』の主題である「自己目的的な資本蓄積」にこそ当てはまると私は考えています。「資本蓄積」とは、機械や工場など、労働者の自由にはならない生産手段が拡大することでしたね。それと表裏一体の関係として、貨幣も膨らんでいきます。資本主義経済では、これらが際限なく自己増殖していくのです。

本来、労働をする庶民一人ひとりこそが主人公で、その人たちが生きていく上で必要なものを生産することが経済活動の目的のはずですが、そのための労働過程が、疎外が生じることで、一人ひとりの労働者のコントロールの圏外へと遊離してしまい、外発的なものになってしまっています。そうなると、生産手段もまた、労働者たちの自由にならないものになってしまう。それどころか、機械などの生産手段の都合によって労働を押し付けてきます。そんな、労働者を支配する生産手段の膨張が自己目的化して、一人歩きしていくのです。

すると労働者の労働の成果のうち、労働者一人ひとりのコントロール下には社会的運用のためのもの（機械などの増分）は残されず、その人自身の個人的な生活を維持する上で必要な分だけが残されます。ひとまずリフレッシュして明日も元気に働くためのエネルギーを充電する上で必要なものしか残されないのです。こうして、労働者たちの暮らしが、資本蓄積のための手段と化してしまうわけです。

封建領主や古代の貴族のような前近代の支配階級は、世のため人のためと称して庶民から搾取しておきながら、大半はそれを私的なぜいたくのために浪費していました。あるいは、ピラミッドや寺院、軍隊のような、生産の役に立たないもののために注ぎ込んでいました。

これに対して近代の資本家は、自らの私的な享楽のために利潤を充てることが公然と認められています。なぜならそれは、法的にはその人の「所得」だからです。ところが実際には、競争圧力によって、消費を抑えてまで利潤を資本蓄積に回すよう強いられています。つまり、自己膨張する生産手段（その裏にある自己膨張する貨幣）こそが主人公で、資本家はそのためのただの番頭でしかないのです。資本蓄積のためにうまく貢献できたならば、そのご褒美として少しは個人的な贅沢が許されるにすぎません。第1章の「疎外論的な解釈」で述べたように、資本主義経済における搾取の本質は、支配階級による個人的な贅沢にあるのではなく、労働者には口出しできない資本蓄積のほうにこそあると言うべきなのです。

このように、仕事に携わる一人ひとりのコントロールの手を離れて勝手に自己膨張する生産手段（と、それと表裏一体の関係にある、自己膨張する貨幣）のことを「資本」と言うのです。ですから、**「資本」**という概念そのものが、疎外論を土台としていると言えると思うのです。

このほか、具体的な産業部門のどこにも縛られない抽象的・一般的な「利子生み資本」が一人歩きを始めて勝手に膨らんでいき、個々の産業資本を支配し振り回すようになるという議論にも、疎外論的な図式が見て取れます。

2　疎外が起こる原因とその克服の条件

ばらばらになると疎外が必要になる

【『ドイツ・イデオロギー』では「分業」が疎外の原因とされている】

さて、ソ連共産党による正統的な解釈では、マルクスとエンゲルスは一八四五年から四六年にかけて執筆した『ドイツ・イデオロギー』においてフォイエルバッハ批判を行い、疎外論を捨てたということになっています。しかし、それは間違いで、疎外論の図式は捨てていなかったというのが、本書のここまでの主張でした。もっとも、フォイエルバッハと決裂したことそれ自体に間違いはありません。それでは、フォイエルバッハの一体なにを批判したのでしょうか。

『ドイツ・イデオロギー』では、フォイエルバッハのことを、「重さの観念」を頭から消し去りさえすれば溺れずにすむと思い込む水難者になぞらえています。フォイエルバッハによれば、自らの身の内に「人間の類的本質」があると自覚できれば疎外から解放されるというのが解決法だとされていましたから、それを揶揄したものです。

それに対してマルクスとエンゲルスは、疎外が起きざるを得ない条件を現実社会の中に見いだしたのです。『ドイツ・イデオロギー』では、それを「分業（Teilung der Arbeit）」と表現しています。これは単なる労働の分担のことではありません。人々が相互に依存関係にありながら、各自が特定の分野に埋没して調整しあえなくなっている事態を指しています。そうなると、依存関係全体の調整は、全体を媒介する他律的な観念を押しつけることによってなされるほかはありません。
「分業」が諸悪の根源であるという、『ドイツ・イデオロギー』でのこうした記述は誤解の余地がないほど明快ですが[12]、その後のマルクス派の人々にはあまり引き継がれていないようです。それこそ、若かりしマルクスの夢想ぐらいに捉えられているような気がします[13]。

しかし、この見方は、晩年のマルクスやエンゲルスまでをも貫く、根本的なものの見方なのです[14]。人間に対して貨幣が君臨するという『資本論』での話も、すべての生産者が依存関係に結ばれながら、お互いのニーズを知らず、バラバラの状態で見込み労働をしている（私的労働≠社会的労働）ことを論拠にしています。マニュファクチュア（工場制手工業）において資本家の専制指揮が生じてしまうのも、工場の中で組織的に協業する職人たちが、特定の分業にそれぞれ閉じ込められていることから説明されます[15]。

このほか、絶対王政、ナポレオン皇帝（特に三世）による独裁、古代オリエントの専制君主制などが、統治される側における分断という観点から説明されています[vi]。

マルクスは資本主義経済の発展のどこに疎外克服の条件を見たか

【「苦しんでいるから」では次の社会の主人公になる根拠にならない】

では、疎外をなくすにはどうすればいいのでしょうか。

これまでの議論で、疎外の原因はすでに明らかになったわけですから、答えはすぐ出ます。お互い労働や生活の依存関係につながりあった人々が、それぞれ特定の分野にとじこめられることなく、依存関係を直接調整しあえるようになることです。しかし、依存関係の規模が地球大になり、数えきれない人々がそこに巻き込まれているような時代にあって、それは可能なのでしょうか。

マルクスやエンゲルスにとって、こうした難問を突破する上で必要だったのが、フォイエルバッハからの大きな飛躍だったのだと思います。つまり、近代資本主義の経済社会が、歴史上はじめて、疎外のない社会を実現するための条件を作るのだという認識です。特に、近代資本主義経済によって誕生した労働者階級は、それまでの農奴にもない、奴隷にもない、どんな被支配階級にもない、疎外なしで社会を営める能力を持っていると捉えられたのです。

12――この本は手近において繰り返し読むに値する本です。中古などで安く入手できる大月国民文庫（真下信一訳）で該当ページを示すと、一六〇、六二－六六、一三八－一四〇ページに記述があります（**Teilung der Arbeit** は「労働の分割」と訳されています）。

13――田上前掲『マルクス疎外論の視座』第五章で、マルクスの分業批判を受け入れられないマルクス論者が批判されています。

14――田上さんの右の本の第五章で紹介されているマルクス晩年のエピソードを見ても、彼の分業批判の姿勢は明瞭です。

15――拙稿「未来社会の条件としての普遍的人間の形成」（基礎経済科学研究所編『未来社会を展望する――甦るマルクス』（大月書店、二〇一〇年）において、『資本論』を引用しつつ説明をしていますので、ご参照ください。

【近代ブルジョワ社会では「モノ」が人間を支配する】

たしかにマルクスとエンゲルスは、資本主義の社会システムは、前近代の奴隷制社会や封建制社会とは決定的に異なる社会システムだと見ていて、前近代から近代資本主義の社会システムへの転換は、人類史の大きな進歩だと見なしていました。[vii]

前近代の封建制社会にせよ奴隷制社会にせよ、王侯貴族が庶民を支配する階級社会です。つまり、日々の労働にいそしむ「生身の個々人」のなすべきことを、支配階級の命令で調整するという、疎外のシステムです。そこでの支配は、支配者人格と結びついていたために、気ままで理不尽な暴虐もある一方で、人間的な融通も効きました。要するに、**ヒトとヒトとの支配－従属関係**だったのです。

ところが、市場経済が全面化した近代におけるブルジョワ社会のシステムは、そうではありません。もちろん、日々の労働にいそしむ「生身の個々人」から、一人ひとりの「考え方」が各人のコントロールの手を離れて一人歩きを始めることで、有無を言わさず人々を支配し始めるという、疎外の図式は成り立ちます。しかし、ここで言う「考え方」は、特定の人間に結びついていないのです。「貨幣」のように、「**モノ**」の性質として現れてきます。市場メカニズムもそうです。いずれも、誰か特定の人の意図で左右されるわけではありません。「法」もそうで、具体的な法律や政令の背後に、議会や国民投票によっても動かせない、あたかも客観物のようなものとして原理的ルールがあると見るのが、近代法治主義の大原則になります。判例の積み重ねで自生的に形成された取引ルールや、「人権」原則などがその典型です。

このように、近代ブルジョワ社会では、「モノ」が人間の外部に存立し、「生身の個々人」をコントロールしてくるのです。これが、いわゆる「**物象化**」です。「ヒトとヒトとの依存関係」という人間社会の本質が、「モノとモノとの交換関係」という「見かけ」として現れ、この「見かけ」が一人歩きをし、ときには「ヒトとヒトとの依存関係」のスムーズな再生産を損ねてしまうということです。

【「物象化」の「物」は、「唯物論」の「物」とは違って本当は観念である】

「物象化」と言えば、日本では廣松渉（一九三三－一九九四）という哲学者の議論が有名です。廣松は、マルクスは「疎外論」を捨てて「物象化論」に変わったのだと主張しました。しかし廣松がしたことは、前近代にせよ近代にせよ、私がここで「疎外」と呼んだ構図のすべてを「物象化」と呼び直した上で、「それはよくない」という価値判断を消し去ることだったように思います。つまり、個々人が「物象」に縛られるのは当然という話になっているのです[viii]。

このような見方をすると、「唯物論」とか「唯物史観」というときの「物」と、「物象化」の「モノ」との混同が起きてしまうということが、難点の一つです。「唯物論」とか「唯物史観」というときの「物」は、暮らしや生産手段を再生産する「ヒトとヒトとの依存関係」のありさまのことです。個々人がそうした関係の中で生きている以上、それに規定されるのは当然です。そのことと、「物象」が各人を縛るのとは、まったく別のことです。

「物象」は、暮らしや生産手段の再生産の条件から遊離していきますから、個々人が「物象」に縛られていると、ときには各人の暮らしの再生産も立ち行かなくなっていきます。たとえば、バブルや恐慌のように、「貨幣」「流通過程」「信用」等々といった物象が自動的に暴走するさまを考えてみてください。それを、経済理論自体に根拠のある価値観から批判的に評価してこその、マルクス経済学であるはずです。しかも、究極的にはその乖離は続かず、結局は暮らしや生産手段の再生産が持続できるように、「物象」はこれらの再生産条件の方へと引き戻されると見るのが、真に唯物論的な見方なのです。

「物」のように見えて実は「物」でなく、正体は人間の「思い込み」「観念」です。

【物象化は近代の疎外であり、疎外の徹底であって歴史の進歩である】

廣松の言葉遣いでもう一つ困るのは、前近代的なものも近代的なものも区別せず、一くくりに「物象化」と言っているため、マルクスが近代ブルジョワ社会に見出した決定的な進歩を把握できなくなってしまうことです。明らかにマルクスは、近代ブルジョワ社会における疎外を指して「物象化」と呼んでいます。その特徴は、前近代における「疎外」のように、誰か生身の力ある人間の「胸三寸」も「えこひいき」も効かず、それゆえ「杓子定規」ではあるものの、すべての人にわけへだてのない影響を与えることです。百円を出す人は、身分や人格、民族にかかわらず、百円のものを買えるというのが、近代ブルジョワ社会の原則というわけです。

近代ブルジョワ社会における疎外である物象化は、前近代における疎外と違って、いかなる人為も影響を与え得ないという意味で、疎外の徹底だと言えるでしょう。マルクスは、そのように徹底された疎外のほうが進歩的だと見ていました。

前近代のシステムから、近代ブルジョワ社会のシステムへの転換は、地縁・血縁で結びついた村など、固定的な人間関係（＝共同体）が支配的であったシステムから、市場に代表される流動的な人間関係が支配的なシステムへの転換だったわけです。それに合わせて、人々は**身分や地域、血縁、人格、民族等々にかかわらない一律の原理**に支配されるようになっていく。要するに、「普遍」の支配ということです。

図2－6

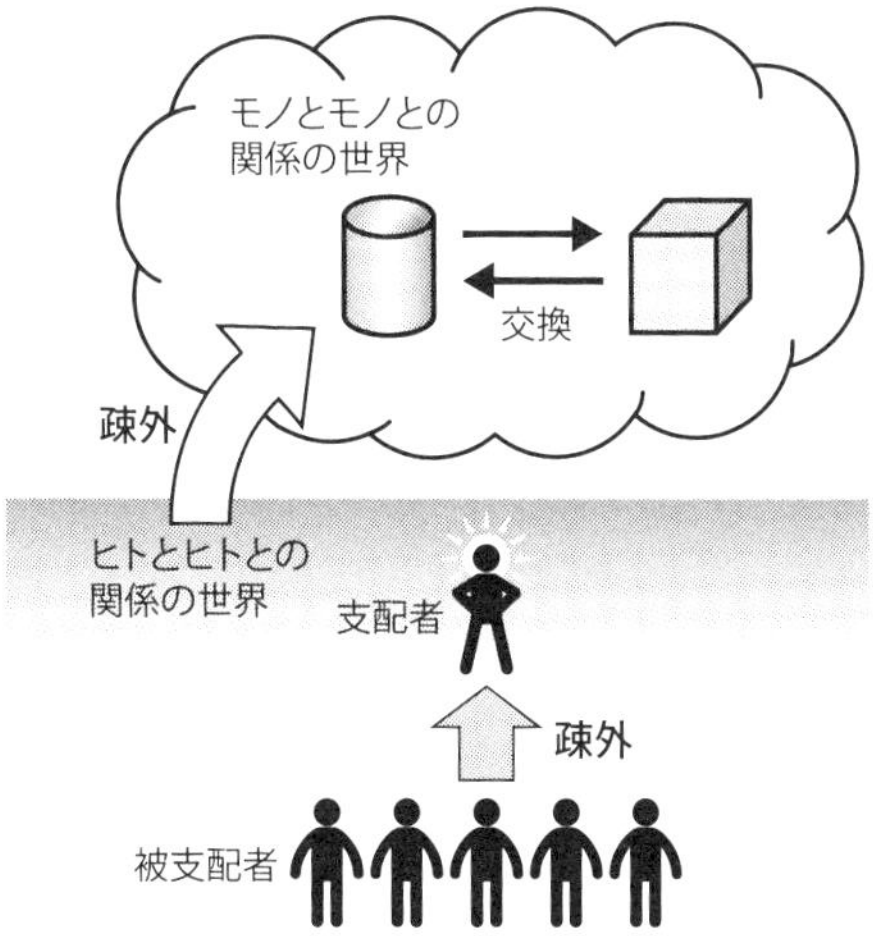

資本家と労働者の階級関係も、実質的には「支配・従属関係」であって、それ自体が疎外ですが、それが物象化されると、労働力と賃金を交換するという対等な商品交換関係として現

れます。身分や職業によって差別をしないというのが「タテマエ」となっているように、資本家と労働者も、どちらかを優遇するのでない対等な関係とされるわけです（図２－６）。

【分業の解消と普遍的労働者】

このことは、人々の人格それ自体の普遍化をもたらします。

マルクスとエンゲルスがそこで特に着目したのが機械制大工業でした。『資本論』では、マニュファクチュア（工場制手工業）の話に続いて、機械制大工業が論じられています[16]。マニュファクチュアでは分業が発達して、手工業労働者はそれぞれの持ち場に閉じ込められてしまい、それを媒介するために、資本家の専制的な指揮がどうしても発生してしまうと言います。ところが機械制大工業は、熟練の技を不要なものとし、人々をみな単純労働者にしてしまいます。機械の導入・発達は、たしかに資本主義的な使い方をするかぎり、労働者に数々の苦難を押し付けることになりますが、究極的には分業を克服し、どのような仕事でもできる労働者を作り出すのだとマルクスは言います。エンゲルスも、産業上の都合のために、資本主義それ自体が分業をなくしていくと言っています[17]。

ここでイメージしていただきたいのは、一九世紀半ばの「世界の工場」イギリスです。機械化が最初に進んだのは、綿工業を中心とする繊維産業です。そこでの労働力の主力は、女性や子どもでした。それまでの男性熟練工はどんどん不要となって、クビにされていったのです。この織維産業が、イギリスの中核産業となって、世界を席巻していきました。そこで働く労働者たちは大都市のスラムなどに寄り集まってギリギリの生活を強いられ、そのような光景は、やがてヨーロッパ大陸にも広がっていきました。

マルクスが描く当時の労働者たちは、産業の栄枯盛衰や資本家側の都合によって、しょっちゅうクビになっては、いろいろな業界の仕事を経験しました。子どもも、どのような部門でも仕事ができるよう、いろいろな職業教育を施されます。これによって、いかなる部門の仕事でも、その事情がわかるようになるというわけです。

しかも、イギリス産の大量生産品が世界中にあふれ、世界市場が拡大するなかで、どこでも同じような消費生活になっていきます。とはいえ、多くの労働者はギリギリの生活を送っていましたから、そもそも文化的な特色のある暮らしをする余裕などなかったでしょう。

そうすると、当時出現した単純労働者階級というのは、いろいろな部門の仕事を理解でき、同じような生活をしている人々――一人ひとりの生身の人間自体が普遍的な人たち！――ということになります。いわば、お互いの境遇がどのようなものであるか、直接実感できるわけです。そ

16――以下の議論に関して、前掲拙稿「未来社会の条件としての普遍的人間の形成」（『未来社会を展望する』）において、『資本論』から多数の引用をしています。

17――青年期に書かれた『共産主義の原理』でも（*MEW*, Bd. 4, s. 370, 376）、円熟期に書かれた『反デューリング論』でも（*MEW*, Bd. 20, s. 274）述べています。

れゆえ彼らは、社会変革の担い手であるとされたのです。つまり、社会的な依存関係によってつながった各人が、何の媒介もなく合意でき、自分たち自身で社会的な依存関係を調整できるようになるわけです。疎外がなくてもやっていけるということです。ということは、単純労働者階級の出現を指摘することによって、マルクスは「資本主義はひどい」と告発しようとしただけでなく、未来の共同社会を作ることのできる人格が誕生したことをも示そうとしたわけです。[ix]

生身の個人同士の実感に根ざした対立など、それがもしほとんど生物学的な欲求をめぐるものであるなら、いくらでも調整可能です。本当に調整できないような対立は、文化的なプライドとかこだわりがあって、人間に共通する生物学的な実感によっては理解し合えなくなっている場合に生じるものでしょう。その種の文化的「アイデンティティ」的なお互いの差異が、資本主義の力で消し去られた存在が、マルクスが「近代プロレタリアート」と呼んだ単純労働者だったのだと思います。「ガーッ」と資本主義ミキサーにかけられて均質化された存在というわけです。

ここまで来れば、残りの調整は難しくはありません。機械化によって労働が標準化され、同質化していますから、それぞれ二四時間なり一〇時間なりの労働時間が平等に与えられていれば、自分が行った労働と同じ労働量を生産に要したものを好きに選んで受け取ればいい。全員のニーズを集計し、それに応じて総労働を適切に配分すれば、誰からも文句のつかない、つじつまのあう再生産が実現できます。誰もが同じ労働をしているので、工場内部の運営の仕方についても簡単に合意できます。これが、資本主義経済を超えて、マルクスやエンゲルスが展望した未来社会

「アソシエーション」で実現されるというわけです。

【労働時間拡大の展望】

でも……と言われる方もいることでしょう。誰もが均質になったから合意できる、疎外はいらなくなる、全員で協議をして「生身の個々人」の欲求を満たしているのだから、これは自由だ――。そう言われればその通りなのでしょうが、なんだか「全体主義的な自由」のようで気持ちが悪いですよね。

マルクス自身もそう思っていたようで、このストーリーには続きがあります。生活のためにやむなく社会的な依存関係につながれているかぎり、社会的依存関係を司る必然法則（所与の技術のもとで社会のニーズに応じて総労働を配分する法則）からは自由になれません。ですからそれは本当の自由ではないと言います。本当の自由とは、生活のためにやむなく労働をしなければならない必然性がなくなったところ、社会的依存関係を司る必然法則に縛られないところにあると言います。いつかアソシエーションのもとで生産力が飛躍的に向上したあかつきには、労働時間も短縮されて自由時間がグーッと伸びて、各人はその自由時間の中で社会的依存関係に縛られない活動をし、各人の個性を伸ばすのだとマルクスは言います。

ようするに、食っていくためではなくて、他人に利用してもらって、「いいね」をつけてもらうために喜んで労力をかけるようなイメージですね。人間関係に我慢して縛られる必要のない活動です。マルクスは、このような社会でこそ、はじめて「真の自由の国」がくると言います。まあ、理屈はわかります。

疎外論は現代にどう活かせるか

【労働者がさまざまな異質性を抱えている現代、マルクスの展望したような美しい解決は望めない】

マルクスのこの展望は、その後、実現へと近づけたでしょうか。私はそうではなかったと思っています。「労働者は貧しくならなかった」という類のマルクス批判よりも、それはもっと致命的なことだったと思います。

一九世紀末に進行した重工業化の結果、繊維産業の単純労働者中心の労働力の構造から、重工業の複雑労働者中心の労働力の構造へと転換が生じました。二〇世紀に入ってからのことです。彼らはそれぞれ異なる熟練技能を持ち、分業先に閉じ込められたために、ますます巨大化する協業に関して内発的に合意して運営する力を失い、経営テクノクラートによる専制的管理が必然化していったのです。

たしかにその後、二〇世紀の終わり頃から、コンピュータやロボットなどの技術が発展した結果、複雑労働力は解体し、単純労働化する傾向が見られるようになります。それでも私たちは、マルクスの時代のように、誰もが均質な単純労働者になるような時代を生きているわけではありません。民族によっても職業によっても、まだまだ多様な異質性を抱えて生きています。ですから、マルクスが展望したような、スマートな解決策を実現させることはできないと思います。

【しかし疎外論の価値観に則る姿勢は持てる】

そうであるとしても、フォイエルバッハからマルクスへと継承された疎外論において汲み取るべき重要な論点があります。

・暮らしや労働の現場で活動している生身の個人に対して「高尚」な理念を「上から目線」で押し付けるのは自戒しよう

とか、

・利害によって連帯することは低次元なことではなく、それぞれの価値観にこだわって対立しあうのはよくない

とか、

・職場でも街でも、そのあり方を一部の人で決めてしまうのではなく、関係者全員の合意でもって決めるというやり方にしていきましょう

とか、

・意図的に設計されたわけではない物象化された「モノ」でも、個々人の暮らしや労働の事情にとってヨリ都合のいいものに改めましょう——ルールや因習の変更、「不況より好況」等々——、

とかいうことは、**マルクスの疎外論の価値観に通じた姿勢**なのだということです。

一気に解決できなくても、この姿勢に則ってやっていくことはできます。

「疎外」が生じる根拠として、マルクスとエンゲルスが見出したのは、依存関係にある人々が、互いに異質なパーツの中に分断されていて、外的な媒介を必要とする状態でした。これは今日でも通用する命題です。依存関係にある当事者が、他律的な支配から自由であるためには、外的な媒介によって無理やり仕切る必要のないように、なるべく当事者どうしのコミュニケーションの機会を作っていくことが重要だということが分かります。

3　唯物史観を疎外論から解釈する

ソ連共産党による正統解釈の「必然法則」としての「唯物史観」

【経済的土台の変化に合わせて政治体制も変化する】

さて、ソ連共産党による正統的な解釈では、マルクスは『ドイツ・イデオロギー』で疎外論を捨て、「唯物史観」に立ったとされたのでした。

「唯物史観」とは、乱暴にまとめると、「経済の変化に合わせて、政治体制は変化する」という法則です。ソ連共産党による正統的な解釈では、「唯物史観」は、良いも悪いもない客観的な必然法則だということになっています。疎外論のような青臭い価値判断など捨て去ったのだとされています。

ソ連共産党による正統的な解釈では、資本主義から社会主義への社会システムの移行は、「唯物史観」による客観的な必然法則に則ったこととされています。正義をめぐる価値判断によるのではないというのです。

ソ連共産党による正統的な解釈の「唯物史観」について、もう少し詳しく説明しましょう。

歴史を動かす原動力は「**生産力**」だとされています。これはまあ、もっとも通俗的には、「生産される財貨の量」というイメージです。この生産力に応じて、一定の「**生産関係**」が採用されるとされます。たとえば、三圃《さんぽ》式農業が行われていた中世の生産力としては、「領主／農奴」という封建的な生産関係がふさわしく、近代の産業革命期における生産力としては、「資本家／労働者」という資本主義的な生産関係がふさわしいということです。

この生産関係が**土台**となり、これに対応する「**上部構造**」が採用されるとされます。「上部構造」とは、政治や法律、慣習の体制のことで、それで言うと、封建的生産関係にふさわしいのは、王侯が支配する封建身分制の政治体制で、資本主義的生産関係にふさわしいのは、近代立憲制の自由主義体制だというわけです。

生産力はそれにふさわしい生産関係のもとで発展し、それがある程度のところまで行くと、その生産関係は間尺に合わなくなるため、新しいものに変えられると言います。そうすると、これまでの上部構造は、新たな土台と矛盾するようになり、やがて新しいものに取り替えられる――。それが革命だというわけです。

たとえば、封建制度の下で、「領主／農奴」の生産関係とは全く異なる初期資本主義経済（ブルジョワ経済）が生まれて、草の根の民間レベルから発展していくのですが（土台の変化）、それがある程度進むと、国王や貴族が身分的に支配する政治ではそのさらなる発展の障害になるので、イギリス名誉革命やアメリカ独立革命、フランス大革命のような市民革命によって王侯の支配を打ち倒し、ブルジョワ経済にふさわしい近代立憲体制が確立されるというわけです（上部構造の変革）。

【資本主義から社会主義への移行は生産力の発展のためという位置づけ】

資本主義から社会主義への社会システムの移行も、この発展法則から説かれることになります。それによれば、資本主義的な生産関係のもとで発展した巨大な生産力は、あまりに大きな影響力を持ちすぎて、個々の民間企業がばらばらに担っていたのではもはや間に合わなくなってしまい、巨大な生産力をもてあまして恐慌が引き起こされたりして、生産力の発展にとって障害になっていると言います。

そこで、すべての企業を国有化して、国中の生産活動を大きくとらえて計画的に管理すれば、巨大化した生産力もうまくコントロールできるようになって、生産力はのびのびと発展するだろうというわけです。

ですからここには、資本主義のもとで労働者がひどい目にあっているから解放しようという観点は、本来的には見いだせません。たまたま、そのような価値観と「科学法則」が一致したというだけです。「資本主義のもとで労働者が虐げられてケシカラン」という意識が広がるのは、「資本主義的な生産関係の寿命が尽きかけているという経済状態が人間の意識に反映したからだ」と、「唯物史観」的に説明されることになります。

今の若い人たちには想像できないかもしれませんが、ほんの三、四十年ぐらい前までは、科学技術を合理的に使って生産力を発展させるという観点から、社会主義社会への移行は唱えられていたのです。資本主義よりも、そのほうがうまくいくという主張だったのです。ソ連のフルシチョフ首相は一九六〇年代に、生産力ではもうすぐアメリカに追いつき追い越すと豪語し、それを信じて社会主義に希望を抱いた人もたくさんいたのです。

そういえば、冷戦最盛期の一九八〇年代に「ロッキー4」というハリウッド製の反共映画がありました。シルベスター・スタローン演じるボクサー、ロッキーが、ソ連のボクサーと闘って勝つというベタな内容ですが、ここに当時の西側のソ連観がよく見えると思います。敵であるソ連側のボクサーは、科学技術の粋を集めたトレーニングルームで合理的に鍛えられます。機械に囲まれ、注射を打たれて。それに対して、正義のアメリカのロッキーは大自然の中で、手作りの工夫と根性で特訓をするのです。

すでにその頃には、ソ連のアメリカに対する科学技術上の劣勢は歴然としていて、もはや挽回は不可能な状態でした。そのことは広く知られていたはずでしたが、「ロッキー4」におけるようなステレオタイプがまだ残っていたのです。若い人たちが今、あの映画を見たら、どちらがアメリカ側でどちらがソ連側か分からないのではないでしょうか。

【宙に浮いた「必然法則」を外から民衆に押し付ける危険】

フルシチョフ首相の強気の発言からも見て取れるように、「科学的」な目を持ったエリートが社会の進むべき針路を見出して、無知な大衆に教えを垂れるという姿勢が、当時のソ連型のマルクス主義には抜きがたくありました。このとき、労働者大衆の実感からどれだけズレていようが、理論の正しさに変わりはないということになります。それは、現場を無視した方針の押しつけや、理論の異なる党派間の潰しあいをもたらしました。それだけでなく、権力の中枢を握った指導者は、異論を唱える者に対し血の弾圧を加えたり、おびただしい人命を犠牲にした経済建設に邁進したりすることになります。

現実のソ連型体制は、西側の資本主義国を超えるような生産力の発展を実現させるどころか、大幅に立ち後れて崩壊しました。これを受けて多くの人たちが旧来の「唯物史観」を反省して、これを捨てました。そして、それに代わる「必然法則」をあれこれ持ち出してきました。

ある人は、市場を自由化した純粋な資本主義にすることが、生産力の発展法則にかなっていると考え、かつてのソ連型体制の国々にＩＭＦの処方箋を押しつけていきました。日本でも、終身雇用制や官僚による規制など、市場原理以外の混じり物の入った日本型資本主義を改革し、市場メカニズムをあらゆる側面に行き渡らせることが、グローバル化が進展する時代の「必然」なのだと、小泉「構造改革」が推し進められました。

また別の人は、生産力の発展に歴史の進歩を見る見方こそが諸悪の根源だったとし、「地球温暖化」や資源の限界といった「必然法則」を持ち出して、資本主義を乗り越えるための体制変革の根拠としました。

どちらにしても、一人ひとりの暮らしの事情に根ざすのではなく、個々人から遊離したところで、他律的な「客観法則」を持ち込む姿勢は、ソ連共産党による正統的な解釈による「唯物史観」と何ら変わりがありません。フォイエルバッハ由来の疎外論からすると、それは疎外そのものだと批判されるべき姿勢です。

かくして、ＩＭＦによる処方箋や小泉「構造改革」は格差と失業をもたらし、多くの人々を生活苦へとつき落としました。他方で、「生産力の発展を目指すのが諸悪の根源」とみなした勢力は、目の前のゼロ成長や緊縮政策に有効な対案を打ち出せず、失業者の苦しみを見捨てる結果となったのでした。

思い起こせば、かつての日本の戦争は、「近代の超克」の御用イデオローグたちによって、「西洋文明の没落vs東洋文明の勃興」という「必然法則」で正当化されていました。そのためにどれだけの人命が犠牲にされたことか。

一見、次元が低い個々人の暮らしの利害を離れたところで、宙に浮いた「客観法則」を持ち出すかぎり、多かれ少なかれ同じような悲惨な結果がもたらされるのです。

唯物史観の必然法則と疎外論の価値判断

【「ヒトとヒトとの依存関係」から一人歩きした上部構造が取り替えられるとするのが唯物史観】

それに対して私は、唯物史観とは疎外論と対立する見方ではなく、疎外論の一環だと主張してきました。

つまり、疎外論の図式における「生身の個々人」が、お互い労働し合ってお互いの生活を作りあっている場が、唯物史観で言う「土台」となります。これが人間社会の本来の目的であり、そこで生きる個々人が本来の主人公だということです。

疎外論における、個々人のコントロールの手を離れて、各人の外部に自立する、社会全体を媒介して仕切る原理が、唯物史観で言う「上部構造」となります。つまり、国家などの政治体制や法律・慣習の制度です。ですから、本来的には上部構造は、土台の中での人々の暮らしの作りあいの展開をうまく調整・統制するための手段として、土台の事情を反映して作られるものなのですが、一度できあがると土台から遊離してしまい、土台が変化しても簡単には変わらなくなります。

そして上部構造は、自らの原理を土台に押し付けることになります。上部構造が比較的、土台とフィットしている間は、その押しつけによっても、暮らしを保つための協働はまだ展開できるのですが、大きく土台が変化してしまうと、上部構造が押し付ける既存の原理に従っていたのでは、暮らしを保つための協働がうまく作動しなくなり、労働や暮らしに支障を感じる人が増えていきます。それが一層ひどくなると、それまでの上部構造がくつがえって、新しい上部構造に取って代わられる革命的変革が起こる——というのが「唯物史観」の言っていることだというわけです。

ここで土台は、生産力と生産関係の総体としてとらえるべきだと思います。[xi] 生産力を土台に含めるべきかどうかをめぐっては論争があって、ソ連共産党による正統的な解釈では「含めない」ということになっていますが、本書では含めるべきだという立場をとります。「生産力」にしても、単なる財貨の生産量のことではありません。誤解を生まないためには、マルクスが言ったように、「物質的生産諸力」という表現にしたほうがいいかもしれません。ここに何を含めるかも古くから論争になっていますが、本書では、機械や道具といった労働手段だけではなく、原料や材料、燃料、電気といった労働対象もここに含めて扱います。人間に利用されるかぎりでの土地や山河、海と、それらの場所に棲息する諸生物もここに含めます。さらに、労働者のいろいろな能力や生活のあり方、生活物資も、ここに含めます。

最後のものは、円熟期以降のエンゲルスがとくに強調した[18]ことですが、『ドイツ・イデオロギー』でも、生（Leben）の生産が世の中の基礎だと強調されています。[19]したがって、「生産関係」については、財貨の生産のための人間関係のみならず、ケアをしたり子どもを作ったりという活動のための人間関係も含まれると考えるべきです。階級関係だけでなく、社会全体や個々の協業体内部での分業の編成のしかたも含まれるべき概念なのです。ようするに、「ヒトとヒトとの依存関係」の総体が、ここで言う土台だということです。

【土台の変化にあらかじめ決まった方向性はない】

このように解釈しなおすと、「唯物史観」に関するこれまでの解釈とはだいぶ異なる大事な注意点がいくつか出てきます。なるほど、この新しい解釈においても、「土台と食い違ってしまった上部構造は、別のそれへと取り替わられざるを得ない」とみなすという意味では、必然法則を唱えています。しかし、旧「唯物史観」解釈のような「必然性」論とは一線を画す側面も出てくるのです。

まず、これまでの「唯物史観」解釈では、「生産力の発展」というとらえ方に、一つの方向性がありました。もっとも単純には、生産される物の量がどんどん増えていくというイメージです。これは、長期にわたる必然的な歴史法則を唱えることにつながります。ずっと先まで未来が決まってしまうわけです。

しかし、いま述べたように唯物史観を再解釈すると、土台の変化に特定の一方向に向かう必然的な方向性はなくなります。ですから、その時点の土台にフィットしていない上部構造が取り替えられることは見通せますが、将来、土台そのものがどう変わっていくかは予見できないことになります。というのも、今の私たちには想像もつかない技術革新が起こり、新しい消費物資が生まれるかもしれませんから。

したがって、各人は、その土台における意識的な取り組みによって、「必然性」にとらわれることなく、少しずつ土台を変えていけることになります。それは、法令でできるものではありません。たとえば封建制時代に、農民が食い詰めて町に出て商売を始めたり、商人が自前で製造業

18――『家族・私有財産および国家の起源』初版の序文で、エンゲルスは次のように言っています。「唯物論的な見解によれば、歴史における究極の規定的要因は、直接的生命（**Leben**）の生産と再生産とである。しかし、これはそれ自体さらに二とおりにわかれる。一方では、生活資料の生産、すなわち衣食住の諸対象とそれに必要な道具の生産、他方では、人間そのものの生産、すなわち種の繁殖が、これである。」（大月国民文庫版、八ページ）

19――大月国民文庫版『ドイツ・イデオロギー』の五六ページでは、「歴史の前提」として、生活の必要を満たす手段の生産、そのための用具の生産と並んで、「第三の事態」として、「彼ら自身の生活を日々新しくつくるところの人間たちが他の人間たちをつくり繁殖しはじめるということ」をあげています。五七ページでは、「労働における自己の生の生産にしても、生殖における他人の生の生産にしても、およそ生の生産なるものは……」という表現も見られます。七二ページには、「この歴史観の基本は、現実的生産過程を、それも直接的生の物質的生産から出発しながら、展開し……」という表現も見られます。この「直接的生の生産」というのは、注18の『家族・私有財産および国家の起源』初版の序文からの引用に見られる表現と同じです。

を始めてみたりといった、個々人の決断が積み重なって、初期資本主義的な土台が少しずつ作られていったのです。このように各自は、本当に土台の変革に結びつくかどうか、事前にはわかりませんが、上部構造から押し付けられた制約の中で、あるいはそれをかいくぐって、変革につながるかもしれない決断を自由に試みることができるのです。「将来の必然性を作る自由」と言えます。

たしかに、人間の情報処理能力がこれからも後戻りせずどんどん高まっていくだろうという点では、一方向性を認めてもいいでしょう。それゆえ、あらゆる疎外を克服し、人間の依存関係をすべて合意で調整できる理想社会を、はるか遠い将来に展望することには意味があります。しかし、そこに至る道のりがいかなるものかは、あらかじめ決まっているわけではありません。現在の土台を前提にして、次の一歩をどう踏み出すかは、まずは各人の自由にかかっているのです。

【現状よりもっとよくなる上部構造があるかもしれない】

さらに言うなら、土台とフィットした上部構造が作られるといっても、その上部構造は、疎外態として土台から遊離して存立してしまっている以上、複数あり得るかもしれないのです。ですから、現在のものが、全ての人にとってベストであるとは限らないことになります。もっと別の上部構造に変えることを提案してもいいわけです。そのほうが土台の中のみんなにとって改善になるかもしれません。つまり、土台によりフィットした上部構造に移行できるかもしれないのです。

この世の中の土台（＝技術や各自の能力、好み、暮らしの事情）を、誰も正確には把握できないのですから、今よりもっと人々の境遇を改善できる上部構造が存在し得る可能性を否定することは誰にもできません。それゆえ、既存の上部構造のもとで、それが押し付けてくることのせいで犠牲を強いられる人がいたなら、「ここに犠牲者がいるぞ」と、みんなに知らしめて、その境遇の改善を求めることは、まずは必要なことです。そのことによって、いま犠牲になっている人の境遇を改善し、よりよく土台にフィットした上部構造を見つけることができるかもしれないのです。

【唯物史観の必然性論と疎外論の価値判断は一致する】

そうすると、個々人から遊離してその外部に存立した社会的原理による個々人への抑圧を批判する疎外論の価値観と、土台にフィットした上部構造への転換を唱える唯物史観の必然性論は、同じことを言っていたということが分かります。前者の立場に立って、各人の事情をよりよく反映する上部構造を求めて活動することが、後者の必然法則の実現を推進することになります。

それゆえ、ソ連共産党による正統的な解釈によるマルクス主義が、「客観科学」を自称しつつも、じつは一部の人の価値判断を「科学」の名のもとに大衆に押しつけてきたことを反省するのは必要なことですが、反省の仕方を間違えて、価値判断を捨てた「客観科学」として純化する方向を目指すのは間違っていると思います。

たとえば大西広さんは、マルクス主義は左翼主義ではない、弱者の立場に立つものではない、階級を超越して客観科学に立つものだと言います。そして、生産力の発展段階にマッチした社会システムが実現される法則を把握し、その実現がスムーズに進むようにすることを、マルクス主義の役割とみなしています。ですから、国有化と農業集団化でおびただしい生命を犠牲にして、ソ連の工業化を強行した一九三〇年代のスターリンも、ソ連崩壊後に市場化・民営化を強行してハイパーインフレで庶民の生活を苦しめたガイダル路線も、ともにその時代の生産力段階に必要なことをしたものとして肯定的に評価しています。[20]

こうした議論を暴論と見ることは正当だと思いますが、しかし、この理屈は従来の正統的な解釈における矛盾点を解消した上で徹底したものであり、ここまで突き詰めたら、かえってすがすがしいとすら言えます。

しかし、大西さんも、ソ連共産党による正統的な解釈も、新古典派経済学も、客観科学を標榜するいかなる論者も、価値判断から自由でいられるはずはありません。必ず隠し持っているのです。むしろ必要なことは、自分の掲げる価値判断を明示することだと思います。これらの論者の場合は、たまたま各論者の生きる時代条件のもとでは、論者の価値判断と「客観法則」の示す方向が一致するという論理構造を持っているのですが、これでは、うっかりその価値判断に共感して運動にはまり込んでも、「マルクス主義者」のエリートによって、「客観条件が変わった」とされたなら、いつその想いが裏切られて、全く違った価値判断のために奉仕させられるか分かったものではありません。
それに対して、本書が解釈する疎外論は、「生身の人間それぞれの暮らしの事情を大事にする」という価値判断に立つことを、時代を超えて無条件に明言するものです。これは、「社会全体的な原理は、究極的には生身の人間それぞれの暮らしの事情を反映するように変化するものだ」とする、本書の解釈する唯物史観と、時代を超えて無条件に一致することになります。

4　疎外論と唯物史観の現代経済学による表現

ゲーム理論による制度分析の手法で疎外論を表す

【疎外の第一近似は「パレート非効率なナッシュ均衡」】

私がここで述べた疎外論とそれに基づく唯物史観は、じつは現代経済学のゲーム理論を使った

20――大谷禎之介・大西広・山口正之編『ソ連の「社会主義」とは何だったのか』（大月書店、一九九六年）第7章、田中雄三・溝端佐登史・大西広編『再生に転じるロシア』（機関紙共同出版、一九九三年）補論「レーニン評価についてのコメント」。

制度分析の手法で表すことができます。この手法では、他者がどう行動するか予想をし、そのもとで各人が自分にとって一番マシな行動を選択したとき、その結果が、各人が当初抱いていた他者の行動の予想と一致していて、誰もそこからはみ出す行動をすることがトクにならない状態――もっとも基本的には「ナッシュ均衡」と呼ばれます――として、「制度」というものを説明します。

これが「疎外」概念とどうつながるかは、拙著『「はだかの王様」の経済学』（東洋経済新報社）の第6、7章、拙著『ケインズの逆襲、ハイエクの慧眼』（PHP新書）の第5章で詳しく論じているので、そちらをご参照ください。ようするに、各人が連絡をとりあって、とるべき行動を調整しない限り、他者の行動の予想が各人から遊離して、各自を拘束してしまうというのが、ここでの論点です。つまり、他者がどう行動するかの予想のもとで、自分にとって一番マシな手をそれぞれが採用したならば、もともとの予想が実現する。一度そうした状態になると、全員で示し合わせて別の行動をとれば、そのほうが全員にとって境遇が改善されるのに、そちらへと移行することができないという理不尽な事態が続いてしまいます。現代経済学のゲーム理論では、これを「パレート非効率なナッシュ均衡」と呼びます。

疎外論が問題にしているのは、もっとも純粋な究極形として物象化でしたね。つまり、誰か特定の人為によらない社会的媒介観念が自立して各人を縛りつけ振り回す事態です。たとえば、たくさんの人が不況を予想し、支出をしぶった結果として本当に不況になり、人々がもっとお金を使って不況を脱することができれば誰もが状況が改善されるのに、そうならないといった事態です。特定の強者が命令してそうなったわけではありません。こうした場合、純粋モデルとしては、この疎外によってトクをする人は誰もおらず、みんなで示し合わせて別のやり方をすれば全員の境遇が改善されるということになります。

　資本主義経済のもとでの搾取の問題にしても、その本質が、蓄積の自己目的化にあるのならば、みんなで示し合わせて過剰な蓄積をやめて、その分をみんなで山分けして消費すれば、資本家も労働者も全員がトクをします。

　ですから、第一近似としては、示し合わせて協調すれば世の中の誰もがいま以上の境遇になれるのにそうなれない状態という意味で、「パレート非効率なナッシュ均衡」を「疎外」とすればよいと思います。

　しかし、疎外から利益を受けている少数の人も、実際にはいるものです。あるいは、人々があと少しずつ税金を出し合えば、各人の負担増はそれほどでなくても、絶望的に困っている人々の境遇を救うことができるかもしれません。ですから、すべての人の境遇が今よりよくなる余地がなければ「疎外」とは呼ばないというわけにはいかないのです。これをどう定式に組み込んでいくかは、難しい問題で、私の今後の研究課題としているところです。しかし、思想や慣習に依拠して外側から基準を持ち込むのではなく、一人ひとりの生身の人間のベーシックな固有の欲求をどう満足させるかという観点から評価することは、ここまで述べてきた疎外論の価値観のための最低限の基準だろうと思います。

進化論ゲームで唯物史観を表す

【「均衡のジャンプ」が上部構造の転換を表す】

じつは、この手法を用いて、唯物史観が示すような上部構造の転換を表現することができます。ゲーム理論による制度分析の中でも、とくに生物進化の研究分野で用いられる「進化論ゲーム」を、広い意味で応用することによって、それが可能になるのです。つまり、一人ひとりの暮らしや労働の厚生にフィットするやり方ほど人々の間でいっそう普及するというプロセスの結果、その増減が落ち着いた先のやり方の分布が、大まかに言って、各人が合理的に知恵を絞った結果の「ナッシュ均衡」に一致しているということです。これが上部構造を表していると解釈できます。

技術や人々の好み、環境といった諸事情（＝土台）が全く同じであっても、こうした上部構造の「均衡」が二種類以上あり得るとします。このとき、人々が実際に抱く行動予想が、たまたまパレート非効率な均衡のほうであったとすれば、人々にとって本当はもっといい均衡があるのに、そうでない均衡が選ばれ続けることになってしまいます。

さて、こうした状況において、技術や人々の好み、環境といった事情を表す外生変数（パラメータ）が、ゆっくりと変化していったとしましょう。その変化の方向が、その時点の均衡における人々の厚生を低下させ、まだ実現していないもう一つの均衡における人々の厚生を高めるものだったとしましょう。そうであるとしても、それまでの均衡は維持されます。
しかし、その場合も、外生変数の変化がある程度まで進むと、それまでの均衡が突然消失し、もう一つの均衡の方だけが残るということが、進化論ゲームのモデルではしばしば見られます。このとき、人々の厚生を改善する方向への「均衡のジャンプ」が突然生じることになります。すなわちこれが、土台に合わなくなった上部構造をくつがえし、土台に合ったものに取り替える革命にあたるのです。

【歴史的に与えられた文化や意識的実力行使や宗教がどれだけ影響力を持つか】

こうした見方が示しているのは、歴史的に過去から引き継いだ文化などは、複数あり得る均衡のうち、どれかひとつを確定させる効果があるということです。そこまでは効くということです。しかし、あり得る均衡群の中にその均衡が含まれるということそれ自体は、外生変数としての技術や人々の好み、環境といった暮らしの事情によって、別言すれば土台によって決まるということです。土台の条件が変われば、過去から引き継いだ文化にフィットした均衡も消失してしまうかもしれません。
あるいは、土台である外生変数の変化がかなり進行して、古い均衡が消失間近になっているとしましょう。比喩としてよく使われるのは、砂場に二つの穴が掘ってあるとする。このうちボールが入っている穴の方が浅くて、隣の穴の方が深くなっています。この二つの穴を隔てる砂の尾根が十分低くなったとすれば、少しの衝撃でも、隣の穴の方へボールは転がっていってしまうでしょう。

これを上部構造と土台の話に引き寄せて考えるなら、思想性や強い意志を持った政治的な実力で「ビッグ・プッシュ」することで、古い均衡から新しい均衡への移行が成し遂げられるかもしれません。つまり、「思想が歴史を動かす」という、一見唯物史観とは逆のことも起こりうるということです。

しかしこれも、外生変数である土台が、そうした状況をもたらしているから可能なことです。外生変数が違えば、ボールが入っている砂場の穴はまだまだ深いかもしれません。そもそも、もう一つの穴などないかもしれません。そうした状態のもとでは、どれほど強固な思想のもとで実力を振るっても、現存の均衡を動かすことはできないのです（図2−7）。

唯物史観に対する批判として、文化や宗教、政治権力、思想などが歴史を作ったという実例が幾つも挙げられるのですが、それに対して「唯物史観」を擁護する人々は、それらのファクターによる「反作用」は認めた上で、「しかし究極的には」と言って、経済による影響の優越性を説くのが常でした。その典型は、アルチュセールの議論に見てとることができます。それによれば、経済なり政治なり文化なりといったものは、影響力の大きさによって一種のランク（「審級」）がつけられ、それに応じて互いに複雑な影響を及ぼしあう。中でも経済の影響力がもっとも大きいので、それは最上位にランクづけされるというのです。

そう言われると否定のしようがありませんが、しかし、どれほどそうしたことを言われても、結局のところ、それは「経済の影響は大きいが、他にもいろいろな要因が複雑に影響している」といった無内容なことでしかなく、それによっては一歩も知的な前進は望めないという気がします。

図2－7

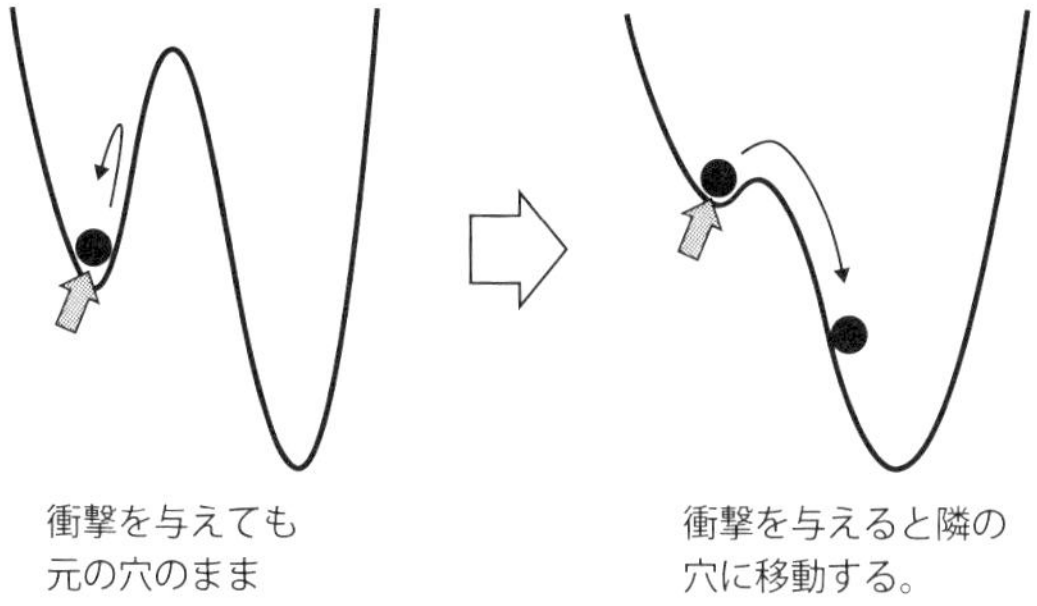
衝撃を与えても
元の穴のまま
衝撃を与えると隣の
穴に移動する。

以上述べたように、進化論ゲームの枠組みで考えれば、技術や暮らしのあり方など（＝土台）は、採用され得る上部構造にどんなバリエーションがあり得るのかという範囲や、それらの間の移行のし易さを定め、その中で実際にどの上部構造がとられるかというときに、歴史的に引き継がれた文化のほか、政治権力や思想の影響を受けるということが分かります。

マックス・ウェーバーの『プロテスタンティズムの倫理と資本主義の精神』における命題――プロテスタント教の教義が資本蓄積を推進して資本主義を作った――のように、宗教が経済のあり方を決めた歴史が、唯物史観に対する反論として指摘されることもありました。しかしこれも進化論的に考えれば、均衡に至るまでの「自然淘汰」プロセスの話として解釈できます。

初期資本主義にあまりフィットしない教義をもつ宗教のある社会は資本蓄積が停滞し、フィットするプロテスタントが根づいている社会では資本蓄積が進展し、経済規模が拡大していく。つまり、資本主義の揺籃期における基礎的条件のもとでは、プロテスタントが根づいている社会がメジャーになる――という話であるとすれば、ウェーバーによる命題は、経済が宗教を決めるプロセスを示したという意味で、唯物史観と矛盾するものではなくなります。

5 まとめに代えて

さて本章では、疎外論を「生身の人間のそれぞれの生活の事情を一番大事にし、それを犠牲にする制度や宗教、思想を批判する」立場、唯物史観を「生身の人間のそれぞれの生活の事情に合わなくなった制度や宗教、思想は、もっとそれにフィットしたものに取り替えられる」とする見方だと解釈しました。

本章では、かつてのソ連共産党による正統的な解釈をさんざん批判してきました。しかし、ソ連共産党による正統的な解釈によれば、資本主義経済が発展すればするほど、労働者は貧しくなって生活していけなくなり、革命に立ち上がることになっていました。そして、革命によってすべての会社を国有化し、計画経済に基づいて合理的に生産をすれば、資本主義よりもはるかに生産力がアップして、労働者たちはお腹いっぱい食べられ豊かになれるはずでした。今から振り返れば、方法論の正否はともかく、その目指すところは、本章の疎外論や唯物論の見方と素朴に一致していたと言えるでしょう。

高度経済成長期には、これらの考え方を支持する人たちがリードする労働運動の成果もあって、労働者は年々豊かになっていき、皮肉なことに、この理論の前提をくつがえしていったのでした。しかし、こうした時代に社会主義的な思想や政党が労働者の支持を受けてある程度の広がりを見せたのも、この人たちの言うことを聞いて実際に労働運動に参加したら、賃上げなど暮らしの向上に資することが実現したからだと言えるでしょう。

ところが、多くの労働者が豊かになって以降、物質的な豊かさを追求すること自体を批判的に見る傾向が、左翼的運動やリベラル派市民運動の中に起こってきました。六〇年代の若者の「疎外論」流行や、その後のエコロジー思想がその典型です。七〇年代初頭の田中角栄政権を原型として自民党議員が地元の選挙区に公共事業をもってくることで地盤を固めるということが横行し、それに反発した反自民党勢力の間では、有権者の暮らしのために世話を焼くことは「悪いことだ」とする傾向が強まりました。

そしてソ連型体制が崩壊し、日本でも「自民党vs社会党」という「五五年体制」が崩壊した頃から、左翼運動にかかわりがあっても、「唯物史観」を表立って口にする人はほとんど見かけなくなりました。経済の発展段階や政治体制の民主化の度合いに照らして、さまざまな国について

「進んでいる」「遅れている」と位置づけることは、まるで「差別的なこと」だととらえられてタブーとなりました。一人ひとりの有権者の経済的な利害を超越して天下国家のあり方を議論するのが「改革」の目指すところだと意識されました。世界的に見ても、各人の生活における事情よりも、民族や宗教などアイデンティティにかかわる問題の方が重視され、政治議論の中心に据えられるようになりました。

その後の小泉フィーバーから橋下フィーバーに至る、保守サイドによる「改革」に対する民衆の熱狂は、ある意味でこうした流れの行き着く先だったと言えるでしょう。昔の政治家は、保守系なら地元の青年団から、革新系なら労組の書記から叩き上げて、地元民の世話をなにくれとなく焼き、常に有権者の顔を思い浮かべながら、その暮らしに奉仕するために仕事をしていたものですが、今や与野党ともに、そうしたこととは縁がないのをよいことだと勘違いした政治家に占拠されてしまいました。そして、一人ひとりの生身の有権者の利害から遊離したところで「安保」だの「財政再建」だのと、宙に浮いた天下国家論を振り回す、悪しき作法がまかり通るようになったのです。

いいですか。若者が身近な生活にかまけていることを見下しながら、「若者はもっと政治に関心を持て」と言うから、それを真に受けて政治に関心を持った若者がネトウヨになるのです。

かろうじて古いタイプの「唯物史観」を固守している人々も、「社会主義」が崩壊し、日本国内でも社会主義を目指す運動が後退していることを、なんとか理屈づけなければならず、ソ連共産党のトップリーダーが思想的に資本主義に譲歩したせいだとか、資本家側の戦略に負けて、労働運動の司令塔が解体されたせいだとかと理由をつけて意識や思想性、戦略の問題に還元してしまい、「唯物論」など影も形もない、ズブズブの観念論になってしまっています。「唯物史観」を捨てて、なおかつ小泉フィーバーに与しなかった人々も、「人権の発展史」とか「憲法九条の理念」といった理念を根拠とする傾向を強めています。

ところが、そうこうするうちに現代資本主義の発展は貧困や格差を生み、とくに日本の場合、長期不況によって大量の失業者が生み出されました。その結果、食うや食わずの古典的な窮乏状態にある人々が層として生み出されたのです。ヨーロッパでは、それと同様の問題にくわえて、あまりの緊縮政策のために、医療も教育も福祉もロクに受けられず、住居を失った人々もたくさん出ています。生存それ自体にかかわる生身の個人の蹂躙が起こっているのです。

この抑圧をもたらしているのが、「均衡財政」とか「通貨価値の維持」とかいった社会的観念の一人歩きです。そして、その裏で一部の強者がトクをしているわけです。これは、本章で解釈するところの、フォイエルバッハ由来のマルクスの疎外論が批判する疎外そのものです。

そして、このような抑圧が著しい政治は打ち倒され、もっと一人ひとりの生活の事情にマッチした政治に取って代わられるというのが、唯物史観の説くところです。日本でこの抑圧をもたらした小泉路線の後継諸政権は民主党政権に取り替えられましたが、民主党政権もこうした生身の個々人の苦しみを救えたわけではありませんでした。「食わせてなんぼ」ということにまず気がついたのは、民主党にいったん政権を奪われた自民党の方でした。だからこそ自民党は政権に復帰できたのです。

唯物史観の進化論的な解釈では、土台にマッチした上部構造は、誰も何もしなくても自然と作られるわけではありません。いくつもの対案のうち、人々の生身の暮らしの事情に比較的に合致したほうが、選びとられていくのです。それゆえ、「憲法の理念」は大事なことですが、それを掲げるばかりでは、私たちに勝ち目はないのです。「憲法の理念」を唱導したいならば、そっちのほうがもっと人々の暮らしを楽に豊かにできることが、カラの胃袋や筋肉痛といった身体のレベルで納得できるような、そんな政治路線を打ち出す必要があるのです。

結局、この間の体制批判的な思想や運動は、かつてのソ連共産党による正統的な解釈の捨てるべきところを維持し、捨てるべきでないところを捨ててきたように思います。今こそ、疎外論と唯物史観の見方が復活されるべきときでしょう。

（松尾匡）

i――大谷禎之介・大西広・山口正之編『ソ連の「社会主義」とは何だったのか』（大月書店、一九九六年）二二六―二二七ページ。

ii――『フォイエルバッハ全集』第二巻、二〇六―二〇七ページ。

iii――前注の文章も含め、拙稿「疎外論の問題意識と「物象化」論――廣松渉は何を誤読したのか」『産業経済研究』第四四巻第一号（二〇〇三年六月）、注二一にフォイエルバッハの文章をいくつか引用したので参照のこと。拙稿の全文ダウンロードは、http://ci.nii.ac.jp/naid/110006424862

iv――『マルクス＝エンゲルス全集』（真下信一訳）第一巻二六三ページ。

v――副田満輝『マルクス疎外論研究』文眞堂、一九八〇年。特に第二章。

vi――マルクス「ザスーリッチへの手紙」*MEW* Bd. 19, s. 389-390, エンゲルス「フランク時代」ebenda., s. 475, マルクス「イギリスのインド支配」Bd. 9, s. 132-133,「イギリスのインド支配の諸結果」ebenda., s. 220-224. マルクス「ルイ・ボナパルトのブリュメール18日」*MEW* Bd. 8, エンゲルス「『フランスにおける内乱』への序文」*MEW* Bd. 22, s. 190-191.

vii――前近代と近代の対比については、拙著『近代の復権』二三―二七ページ、四〇―四三ページ、四七―五一ページ、五八―六二ページで典拠を紹介している。

viii――以下の廣松評について、詳しくは前掲拙稿「疎外論の問題意識と「物象化」論――廣松渉は何を誤読したのか」を参照のこと。詳細な引用は注で行っている。

ix――大工業による分業の克服が、社会主義を実現する条件を作るというマルクスの論点を強調した議論として、中野雄策『経済学と社会主義』（新評論、一九八七年）がある。

x――以下の議論の詳細については、典拠を含め、拙著『近代の復権』第2章を参照のこと。

xi――以下この項の議論は三浦つとむ『レーニン批判の時代（三浦つとむ選集２）』（勁草書房、一九八三年）二三四―二六五ページの見解とほぼ一致している。

第3章

投下労働価値概念の意義

1　価格の規定因としての労働価値説は成り立たない

マルクス経済学に固有の「労働価値説」

【階級・疎外・唯物史観は、現代経済学の手法でも、マルクスの価値判断を込めて表現できる】

ここまでのところで、一般にマルクス経済学の特徴とされる「階級的視点」「疎外論」「唯物史観」について、それぞれ検討しました。

その結果、そのいずれについても、「ミクロ経済学」「マクロ経済学」といった現代経済学の手法で表現できることがわかりました。現代経済学の手法によっても、これらの論点を取り入れて現実分析ができるというだけではありません。こうした手法を用いながら、価値判断としてマルクス主義の立場に立つことができるのです。実際に現場で働き、生活する「生身」の人間一人ひとりの立場に立ち、それを外部から抑圧してくるものの暴走を批判するという価値観です。

それがあれば本来は「マルクス経済学」と名乗る資格は十分だと思います。

逆に言えば、かつてのソ連共産党がお墨付きを与えた「正統」マルクス経済学のエセ科学ぶりを「反省」したつもりで、現代経済学の手法に対する現実分析上の優位性を主張すべく、価値判断を懸命にぬぐい去ろうとする「科学」主義者は、どんなに『資本論』の手法に忠実でも、本来は「マルクス経済学」者ではないのだと思います。

【投下労働価値こそ現代経済学にないマルクス経済学の特徴だ】

だとすれば、「ミクロ経済学」や「マクロ経済学」といった現代経済学ではカバーしていないような、マルクス経済学ならではの経済理論領域はないのでしょうか。

こう問いかけたときに多くの人が思いつくのは、「労働価値説」ではないでしょうか。

商品1単位生産するために、直接・間接に必要になる投入労働量が「投下労働価値」[2]と呼ばれます。「川下」から「川上」まで、すべての生産段階における投入労働量を足しあわせたものが投下労働価値です。この概念を使うことは、「ミクロ経済学」「マクロ経済学」といった現代経済学にはない、マルクス経済学の特徴であると言えるでしょう。特に、投下労働価値によってはじめて表現できる、労働の「搾取」といった考え方は、これぞマルクス経済学の最大の特徴だと一般には

1――ミクロ経済学やマクロ経済学に階級的視点を入れることができるというお話や、「疎外論」や「唯物史観」がゲーム理論で表現できるというお話を思い出して下さい。

2――「投下労働価値」の「投下」というのは、「支配労働価値」と区別するために付されたもので、単に「労働価値」と言えば通常は「投下労働価値」のことです。支配労働価値とは、その財の価格について、どれだけの労働を雇える値段かで表したもので、価格の決まり方についての命題ではなく、価格を表す単位として労働を選んでいるだけです。ケインズは支配労働価値を使いました。

見なされています。たしかに私たちも、これは妥当な捉え方だと思います。

【労働価値概念は、マルクス経済学と自他ともに称するメルクマールだ】

経済学の世界には、主流派の現代経済学と違って、資本主義経済に批判的な潮流がいくつもあります。有名なところでは、ポスト・ケインズ派やスラッファ派、ラジカル派、レギュラシオン派などです。これらの学派に属する多くの論者は、階級的な視点を持って経済を分析し、資本主義経済に対する批判的な価値判断を隠そうとはしません。しかし、これらの学派の経済学が「マルクス経済学」と呼ばれることはありませんし、たいてい自称もしません。

それに対して、ジョン・ローマーらのアナリティカル・マルクス派、置塩派、大西広さんの一派は、その手法については先述の諸派よりも、はるかに主流派の新古典派経済学と共通する点が多いのに、たいていは自ら「マルクス経済学」を名乗っていて、一般にもそう認識されています。その違いが何に由来するかを考えますと、ポスト・ケインズ派やスラッファ派、ラジカル派、レギュラシオン派は投下労働価値概念を使わないのに対して、ローマーや置塩派、大西派は投下労働価値概念を使っているからだというほかありません。

価格と労働価値の乖離を認識していた元祖論者たちの言い訳の否定

【需給で変動する「市場価格」が労働価値どおりにはならないことは当然】

それでは、「労働価値説」とは一体何でしょうか。
一般にはそれは、「商品の価格を決めるモトとなっているのは労働である」という命題だと思われています。たしかに、マルクスに先行するアダム・スミスやデービッド・リカードの場合、商品の価格を決めるモトは何かという問題に対する答えとして労働価値説を唱えました。ここではそれを**「価格の規定因としての労働価値説」**と呼ぶことにします。ところが現代ではこの命題は、理論的にも実証的にも否定されてしまっています。

もちろん、スミスもリカードもマルクスも、日々の価格が投下労働価値に比例しているなどとは考えていませんでした。ある商品を作る労働の量が変わらなくても、その商品への需要が大きくなると価格が高くなり、需要が小さくなると価格が下がることは、これらの論者はみんな分かっています。これを**「市場価格」**と呼ぶことにしましょう。

市場価格が高すぎると、この業界はとても儲かるということになり、生産者がたくさん参入してきて、商品の供給量が増え、競争が厳しくなって市場価格は下がっていきます。市場価格が低すぎると、この業界は儲からないということになり、生産者は次々と退出していって、商品の供給量も減り、競争が緩和されて市場価格は上がっていきます。こうした短期的な変動が長期的に均されて、生産者の部門間移動が行き着いた状態で成り立つ価格が何によって決まるのかを、これらの論者は問題にしたのです。

現実の市場で、このような長期的な均衡の価格が成り立つ瞬間などありません。そこから上に

図3－1　市場価格と長期的にそれを規制する価格

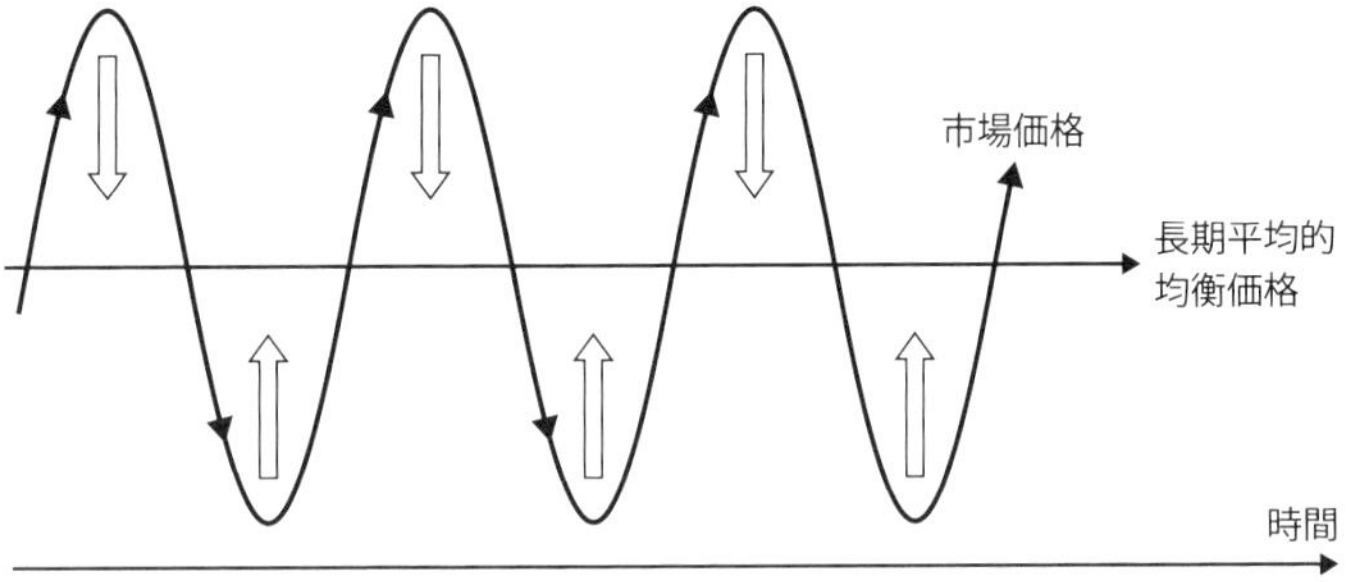

はずれたり下にはずれたりして、常に動揺し続けています。しかし、生産者たちの行動を通じて、そうした変動を均衡に向けて引き戻す力が常に働いています（図3－1）。

【長期的な均衡価格も労働価値どおりにはならない】

であるなら、これらの論者が言いたいのは、こうした長期的な均衡の価格は投下労働価値に比例する、ということなのでしょうか。

じつは、これもそうでもないのです。スミスの場合でいえば、文明が発達すれば、長期的な均衡の価格は、投下労働価値に比例しなくなると考えていました。[3] リカードも同じです。彼は、資本の部門間移動が行き着いた長期的な均衡価格のことを「自然価格」と呼びましたが、この自然価格は、投下労働価値からズレるということを認識していました。マルクスは、資本の部門間移動が行き着いた長期的な均衡価格のことを「**生産価格**」と呼びましたが、リカードと同様、生産価格は投下労働価値に比例しないことを認識していました。

【リカードの言い訳は「第一近似」だが、今では不要の近似】

リカードは、投下労働価値どおりの価格は「第一近似」として成り立つと考えていました。[4]リカードにとって、資本家、労働者、地主といった階級への所得の分配、つまり、資本家の得る利潤、労働者の得る賃金、地主の得る地代が、どのように決まるのかを明らかにすることが研究課題でした。利潤、賃金、地代を積み上げることで商品の価格が決まるとしてしまうと、それぞれの関係について何も言えません。商品の価格が投下労働価値で決まるとすれば、付加価値は一定ですから、労働者が自らの生存を維持していけるように額が決まるとされる賃金と、差額地代原理というもので決まるとされる地代を差し引けば、残りが利潤になります。[6]このとき、賃金や地代が上がれば利潤は下がるという関係が分かります。この関係をざっくりと把握したあとで、細かいことはあとで補正すればいいというわけです。

のちにリカードの「自然価格」とマルクスの「生産価格」は、投下労働価値をまず使う手順を

3——スミスは、投下労働価値と支配労働価値とを混同していたので、そうなっても労働価値は成り立つと考えました。

4——ズレは七%ぐらいだと言っています。

5——価値構成説と呼ばれます。一般にこの立場では、投下労働価値どおりの価格にはなりません。

6——価値分解説と言います。

経なくても、連立方程式によって直接に表すことができるようになりました。こうなると、リカードが提示した命題——賃金や地代と利潤率とは対抗関係にある——もまた、投下労働価値を使って「第一近似」などしなくても、直接導き出せるようになったのです。投下労働価値を用いて近似することは、もはや初学者のためのわかりやすいガイダンス以上の意味はなくなったといってもいいでしょう。

【マルクスは、投下労働価値が先にあってこそ、転化手続きで生産価格が導出できると考えた】

では、マルクスの場合はどうでしょうか。

『資本論』の第一巻、第二巻を通じてマルクスは、投下労働価値どおりの価格を前提として議論をしています。投下労働価値どおりでない生産価格が登場するのは、第三巻からです。そうなると、それまで何のために投下労働価値どおりの価格を前提とする議論をしてきたのかが問題になります。

マルクスは、計算によって生産価格を導き出すときに、投下労働価値どおりの価格を出発点としています。つまり、投下労働価値どおりの価格で測った費用に「平均利潤」を足し上げて、生産価格を出しているのです。「平均利潤」というのは、すべての部門で利潤率が均等になるような利潤のことです。

利潤率とは、簡単に言えば、元手である投下資本額で年間の利潤を割った比率のことで、資本家はこれを損得の目安にして事業活動をします。したがって、産業部門間で利潤率の格差があれば、利潤率の低い部門から高い部門へと資本の移動が起きます。ですから、長い目で見て資本の移動が落ち着いた極限を考えれば、利潤率は全産業部門で均等になっていると想定できるわけです。

マルクスはこの平均利潤を算出するときにも、投下労働価値どおりの価格で測った投下資本額をベースにしています。すなわち、投下労働価値どおりの価格で測った各部門の投下資本額に比例するように、経済全体の総利潤を各部門でシェアするように計算しています。言い換えれば、経済全体の総利潤を、経済全体の投下資本額（投下労働価値どおりの価格で評価）で割って均等利潤率を算出し、この数値に各部門の投下資本額をかけて各部門の平均利潤を導出しているのです。

このように、投下労働価値を出発点としなければ、生産価格は導き出せないとマルクスは考えていましたから、まずはじめに投下労働価値どおりの価格を設定する必要があるとされたのでした。[i]

【マルクスは、労働価値価格前提の搾取命題も、総計一致二命題が成り立つので、生産価格でも成立すると考えた】

『資本論』の最重要論点である「利潤の源泉は、労働の搾取である」という命題は、投下労働価値どおりの価格を前提として論証されていますが（第一巻）、価格が投下労働価値にしたがわないような生産価格であっても、これが成り立つかどうか、という問題があります。[7] マルクスに言わせれば、その場合も大丈夫ということになります。「経済全体の総生産物の生産価格で測った総額と、その投下労働価値総額が等しいこと」と、「経済全体での利潤の総額と、労働者から搾取した剰余価値の総額が等しいこと」、この二つが同時に成り立つと考えたからです。これを**「総計一致二命題」**と言います。

つまり、総計一致二命題が成り立つ限り、世の中の利潤総体は、労働者から搾取した労働（「剰余労働」）から生み出されるということが言えるわけです。

【しかし総計一致二命題は成立しない】

しかし、この命題は後年、否定されてしまいました。

マルクスによる「生産価格」の導出には不十分なところがあったのです。経済全体で生産価格が成り立っている状態であれば、生産価格で費用を計算することができます。資本家は誰も、投下労働価値額を知ってはいませんから、コスト計算は、生産価格でしないわけにはいきません。投下資本の計算も、同じく生産価格でなされるはずです。ところがマルクスの計算は、費用や投下資本を、生産価格ではなく、投下労働価値どおりの価格で測っていたため、つじつまが合わなくなっていたのです。

マルクスも自分の計算に不十分な点があるという認識はありました。しかし、重要な話をするときには、この計算で十分だと考えて計算を打ち切ってしまったのでした[ii]。しかし、本来であれば、上述の『資本論』の計算手続きで出た生産価格（これを「第一次生産価格」と呼ぼう）を使って、費用や投下資本を評価し直さなければなりません。

計測し直した数値を使って『資本論』で示された手続きに基づいて計算すると、第一次生産価格とはまた別の生産価格が導出されることになります。これを第二次生産価格と呼ぶことにしましょう。この値を用いて、費用や投下資本を測り直すと、第二次生産価格とは別の生産価格（第三次生産価格）が導出できます。以下同様の手続きによって、第四次、第五次……と生産価格を算出していくと、それはやがて費用や投下資本においても、生産物においても、どちらにも共通する価格体系に収束していきます[iii]。これこそが、求めるべき生産価格です。

そうすると、収束した生産価格においては、**総計一致二命題は一般に両立しない**ことが明らかになりました。マルクスの計算では総計一致二命題は両立していましたが、それは、先に述べた計算を一度しただけで打ち切っていたからなのです。

しかも、先に述べたとおり、こうして導き出される生産価格は、実は、こんな繰り返し計算をいちいちしなくても、連立方程式によっていっぺんに解くことができることがわかりました。投下労働価値どおりの価格から出発する必要などないわけです。こうして連立方程式によって、い

7――「1巻と3巻の矛盾」と言われ、ベーム＝バベルク以来の常套的な批判になっています。

っぺんに導き出された生産価格によっても、総計一致二命題が両立しないことは容易に示されます。

ここで示した議論は「価値から生産価格への**転化問題**」（「転形問題」とも訳される）と呼ばれ、これまで世界中で多くの研究がなされてきました。経済全体での、それぞれの財の総投入量（労働者の消費を含む）の間の比率と、それぞれの財の総生産量の間の比率が等しい場合——滅多にそれはありません——を除けば、「総計一致二命題は両立しない」ということで、今日では決着がついています。今でも五、六年に一度ぐらいは、「転化問題が解決された」と称して総計一致二命題の両立を主張する研究が現れますが、ことごとく「トンデモ論」であるか、先に述べた例外の一種を前提しているかのどちらかです。

【搾取命題はどんな価格のもとでも証明できるので、総計一致二命題は不要である】

それでは、「利潤の源泉は労働の搾取にある」という「搾取命題」は否定されたのでしょうか。そうではありません。置塩信雄が一九五五年に発見した「**マルクスの基本定理**」によって、この命題は数学的に厳密に証明されました。重要なことは、この証明においては、投下労働価値どおりの価格は前提とされていないということです。生産価格である必要すらありません。どのような価格であっても、利潤を出すかぎり、そこには労働の搾取があることが証明できるのです。

この定理と双子のきょうだいのような関係にあるのが、「**剰余生産の源泉は労働の搾取である**」

という定理です。**剰余生産物**とは、全経済の生産物[8]のうち、労働をした人には自由にできない財のことです。資本主義経済において、剰余生産物とはもっぱら利潤から支出される財のことですから、「利潤の源泉は労働の搾取」という定理とこの定理は同じことを指しているのです。

しかも、資本主義経済では、個々の資本家が手にした利潤を、まるごと消費に回してしまうのではなく、事業の拡大に充てるよう、市場での競争によって強いられます。事業拡大に利潤をまわすことを**「資本の蓄積」**と呼びます。言い換えれば、資本主義経済における剰余生産物のうちの多くは、機械や工場といった、資本蓄積のための財なのです。資本主義経済では、この蓄積の拡大が自己目的化しますので、「剰余生産の源泉は労働の搾取」とする定理から、労働をどんどん搾取しようとする力が働くことになります。

さて、『資本論』のメインテーマが、利潤や蓄積が生じる原因を労働の搾取に見出し、それによって、利潤や蓄積が生じる仕組みを解明することにあるとすれば、すでにマルクスの基本定理があるわけですので、もはや「価格の規定因としての労働価値説」は不要であることがわかります。

8――正確には、「純生産物」です。

投下労働価値による価格の規定に根拠はあるのか？

【価格が価値どおりでないなら最初からそう前提して議論した方がいい】

特に、資本主義経済で成り立っている価格は、短期的な市場価格にせよ、長期的な[9]生産価格にせよ、投下労働価値どおりの価格ではありません。ですから、資本主義経済の分析をするに際して、投下労働価値どおりの価格を前提にすると、論理的につじつまの合わないことになってしまうのです。議論の妥当性を証明するには、投下労働価値どおりの価格を前提とする議論の結論が、生産価格を前提にしても成り立つのかどうか、確かめなくてはなりません。そんな面倒なことをするくらいなら、はじめから生産価格を前提にして議論をすればよいのではないでしょうか。あるいは、均等利潤率も前提にしない、より一般的な価格を前提にしても議論が成り立つならば、そのほうが議論の一般性があっていいはずです。

【『資本論』冒頭は単純商品生産社会を前提しているので、価値どおりの価格でよい】

それでもなお「価格の規定因としての労働価値説」に固執するのであれば、投下労働価値は、一体どのようなメカニズムによって価格を規制するのかを、誰にでもわかるように合理的に説明できなければいけません。

『資本論』冒頭の商品論では、投下労働価値どおりの交換が前提とされていますが、これはいいのです。というのも、ここでは「雇う／雇われる」という階級関係が資本主義経済から捨象（省略）されて、全員が自営業者である「単純商品生産社会」が想定されているからです。ここでテーマとなっている「商品」とか「貨幣」は、資本主義経済における階級社会から生じるものではなく、商品生産社会であることによって出てくるものですから、階級関係については省略し、あくまで商品生産社会の特徴だけを前提しているわけです。

単純商品生産社会であれば、長期的な均衡価格は、投下労働価値に比例します。というのは、生産者にとっては、売れた生産額から生産手段費用を差し引いた付加価値額がその労働に見合っているかどうかが、もうけの基準となるからです。このとき、生産者たちは、労働時間あたりの付加価値が低い産業部門から退出し、労働時間あたりの付加価値がより高い産業部門へと参入しますので、労働時間あたりの付加価値が低い産業部門では供給減から市場価格が上昇し、労働時間あたりの付加価値が高い産業部門では供給量が増加し、それによって市場価格が下落し、長い目でみたときには、どの部門においても、労働時間あたりの付加価値は等しくなります。

ということは、部門間の移動が落ち着いた均衡状態では、各部門の付加価値は、そこでの労働

9——これは、時間が十分たてば実際にその状態に落ち着くという意味ではありません。経済がつじつまがあって繰り返し生産し続けるためには、経済の動揺は長い目で見てならしてみたら、その周辺にあるのでなければならないということです。「長期均衡」というものは、この意味での、長期平均的な再生産条件を表すものと言えます。

投入量と比例しているはずです。「川下」から「川上」までのすべての生産段階において、付加価値は投入労働量に比例しますから、その総計である価格は、投下労働価値に比例することになります。

『資本論』冒頭の商品論において、投下労働価値どおりの交換は、このような産業部門間の生産者の移動のメカニズムを前提とし、十分に移動がなされて落ち着いた状態の長期均衡を見ていると解釈すべきでしょう。そのようなメカニズムを想定しなければ、投下労働価値が価格を規制することなど生じ得ません。労働者の手から「労働価値ビーム」が出て商品の内部でそれが体化されるといった、オカルト話を想定してはいけません。

それゆえ、『資本論』の冒頭における商品論であれば通用する投下労働価値どおりの価格の前提を、そこから離れて、利潤率がもうけの基準である資本主義経済についての議論に持ち込んでしまうと、論理の不整合が起きるのです。

【範囲規制論は一般的商品価値でも成り立ってしまう】

こう言うと、「いろいろな商品の価格どうしの関係がある範囲に収まることが、投下労働価値によって決まるのだ」という「範囲規制」の論理でもって、「価格の規定因としての労働価値説」を正当化する人がいるかもしれません。実際、置塩信雄と中谷武さんも、この「範囲規制」を数学的に示して、投下労働価値概念の意義の一つにあげています。[iv] 諸商品どうしの価格の比である相対価格は、投下労働価値によって定まるある範囲に収まらなければならないことが証明できているのです。

　しかし、この論理を使うのであれば、投下労働価値のほか、商品1単位を生産するために直接・間接に必要な電力（「投下電力価値」）とか、商品1単位を生産するために直接・間接に必要な鉄（「投下鉄価値」）といった、いわゆる「一般的商品価値」を用いても、同じことが言えます。つまり、諸商品の相対価格が取り得る範囲は、「投下電力価値」によっても「投下鉄価値」によっても、同じように定められるのです。

【実証結果によれば、投下労働価値の変化は価格の変化を必ずしも説明できない】

　置塩や中谷武さんは、現実の相対価格の変化の大半が、投下労働価値の変化によって説明できることを実証しています。[v] このことが一般的に言えるならば、投下労働価値は価格をおおむね規定していると言えるかもしれません。しかし共著者の一人（橋本）による最近の実証分析は、これが一般的には成り立たないことを示しています。投下労働価値の変化によって相対価格の変化を説明できる程度は、国によって大きく異なるのです。

　40カ国（EU諸国27カ国、それ以外の国13カ国）の、各産業における投下労働価値と価格の変化率を、一九九五年から二〇〇七年までの産業連関表を中心としたデータを用いて試算したところ、両者の関係性の程度（決定係数）は、国ごとに大きく異なることが明らかになりました。たとえば、決定係数が最も高いのは米国の0・9288で、最も低いのはインドネシアの0・006でした（この決定係数が1・0に近ければ、現実の価格の変化の大半は投下労働価値の変化によって説明でき、0に近いほど説明できないことになります）。また、40カ国のうち、この決定係数が0・8以上の国は9カ国（先進国のほか、スロバキアやハンガリー、キプロスなどが含まれる）あり、0・5以下の国は13カ国（発展途上国のほか、カナダ、デンマークなどが含まれる）あって、ばらつきが大きいと言えます。

2　労働価値概念の社会的労働配分把握という意義

労働価値概念の「会計的把握」から「社会的労働配分把握」へ

【「綿」を生産し、それを投入して「布」を生産するモデルで、投下労働価値はどう計算されるか】

では、「価格の規定因としての労働価値説」はすでに否定されているとして、投下労働価値概念にはもはや何の意味もないのでしょうか。

そんなことはない、というのが本書の立場です。マルクス経済学にとっての投下労働価値概念には、価格の規定因として矮小化することのできない、もっと根本的に大切なものがあるのです。

その意味では、価格の規定因という位置づけから切り離したほうが、その意義をはっきりと見てとることができると思います。

たとえば、こうした例を考えてみてください（図３―２）。バルタン星では、年間１５０万労働時間をかけて毎年、バルタン綿花を栽培し、バルタン綿４万トンを生産しているとします。その４万トンのバルタン綿と50万労働時間を使って、年間、バルタン布を10万メートル分の生産をしています。今言ったほかには生産手段は何も使っていないものとします。

このとき、バルタン布を作るための直接投入労働50万労働時間と、バルタン綿を作るための間接投入労働１５０万労働時間の計２００万労働時間かけて、10万メートルのバルタン布を生産するわけですから、その投下労働価値は、１メートルあたり20時間ということになります。

図3―2　バルタン布の生産

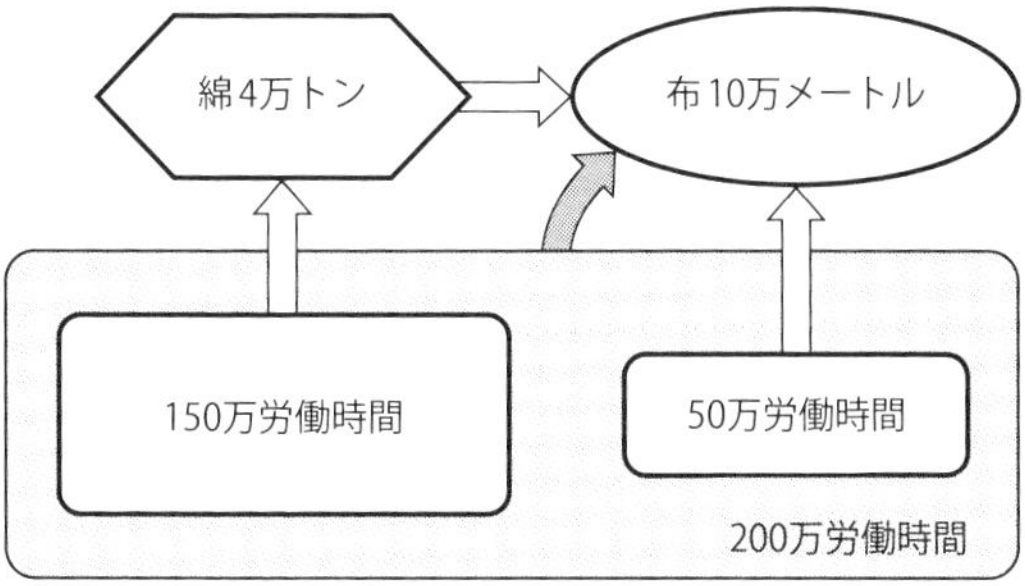

【「会計的把握」をすると１５０万労働時間は去年の労働だと理解されがち】

これは一体何を表しているのでしょうか。直接投入労働50万労働時間は、バルタン布を作るための労働でした。しかし、投下労働価値というとき、労働者の手から「労働価値ビーム」が出て、それが商品に体化されるという理解の仕方をするならば、間接労働150万労働時間は、バルタン布を作るために実際に使用された、バルタン綿を作るために去年投入された労働として理解できるでしょう（綿花の収穫は年一回だけだとします）。

「価格の規定因としての投下労働価値説」に慣れていると、このような理解の仕方になりがちです。つまり、価格が投下労働価値に比例するのであれば、綿の生産者は綿4万トンを布生産者に対して、150万労働時間に比例する価格で売り、布生産者は布を、そのコストに50万労働時間に比例した付加価値を加えて売るので、総計200万労働時間に比例する金額が、布10万メートルの生産額になるというわけです。

『資本論』第一巻の多くの箇所では、経済全体の相互作用にではなく、ある一つの資本に焦点を当てた叙述をしています。c＋v＋mというやつですね。つまり、投入される生産手段の価値を金額で評価した「不変資本」（c）、すなわち生産手段投入費用に、雇用された労働力の価値を金額で評価した「可変資本」（v）、すなわち賃金費用をプラスして、剰余価値を金額で評価したもの（m）、すなわち利潤をそれに付け加えることで、商品の価値は形作られるという書き方をしているのです。このように、ある一つの資本の中で、よそから買ってきた生産手段に「体化された」価値に、新たに投入された労働を付け加えることで、商品の価値が形成されるという把握の仕方を、**「会計的把握」**と呼ぶことにしましょう。

【投下労働価値とは、年々の純生産のために年々相並んで投入される労働の総計である】

しかし『資本論』においても、商品の価値は、その商品を実際に作るのに要した労働ではなく、その商品を再生産する上で必要な労働で決まると書いてあります。[vi] その商品を作るために投入された生産手段の価値は、製品の価値の中に移転するとされているのですが、それだって、実際にその生産手段を作るのに要した労働ではなく、その生産手段をいま再生産するために必要な労働で決まるわけです。ですから、技術革新によって、その生産手段を作る工程の生産性が上がって、これまでよりも少ない労働で生産できるようになれば、その技術革新の前に作られた生産手段を用いて生産された商品であっても、その価値はその分下落することになります。

生産手段を購入し、倉庫に入れておいたら、その生産手段の価格が下がっていて、その下がった価格で費用を計算して利潤を出したつもりになって安心していたら、あっという間に破産してしまうかもしれません。ですから、このような計算は、見た目の印象と違って、普通の会計計算とはかなり異質なものなのです。

それゆえ、投下労働価値を表現するときの「体化された労働」という言い回しは、あくまで比喩として受け止めなくてはなりません。投入生産手段の価値を測るのに、現在それを生産するのに必要な労働量によってするならば、あくまでそれは投入時点としても現在投入される労働なのです。

すなわち、バルタン布10万メートルが年々生産されるためには、布の工程で50万労働時間、綿を栽培する過程で150万労働時間の労働が、毎年、相並んで投入されなくてはなりません。したがって、計200万労働時間が、毎年、投入される必要があるわけです。その意味で、バルタン布1メートルあたり、20時間の労働投入が必要となる。これが、投下労働価値の意味なのです。

このとき、綿を栽培する工程での150万時間の労働は、その年のバルタン布のもととなるバルタン綿を作っているわけではありません。実際には来年のバルタン布のための材料を作っているのです。しかし、毎年10万メートルのバルタン布が生産されるためには、毎年それだけの綿栽培労働が投入される必要があるのです。

【「米」生産労働は、種もみ生産用も含めてみな現在の労働である】

これは、次のような例を考えると、いっそうはっきりすると思います（図3－3）。

まず、バルタン星の「バルタン米」の生産について考えてみます。毎年、バルタン米20万トンと3600万労働時間を投入して、バルタン米120万トンを生産しているものとします。このとき、毎年バルタン星人が自由にできる米は、総生産120万トンから、「種もみ」として取り分けなければならない20万トンを引いた、残り100万トンということになります。これを「**純生産**」と呼びます。各年の純生産100万トンの米を生産するために、毎年3600万時間の労働を投入していますから、3600万時間÷100万トンということで、1トンの米を生産する

図3－3　バルタン米の生産

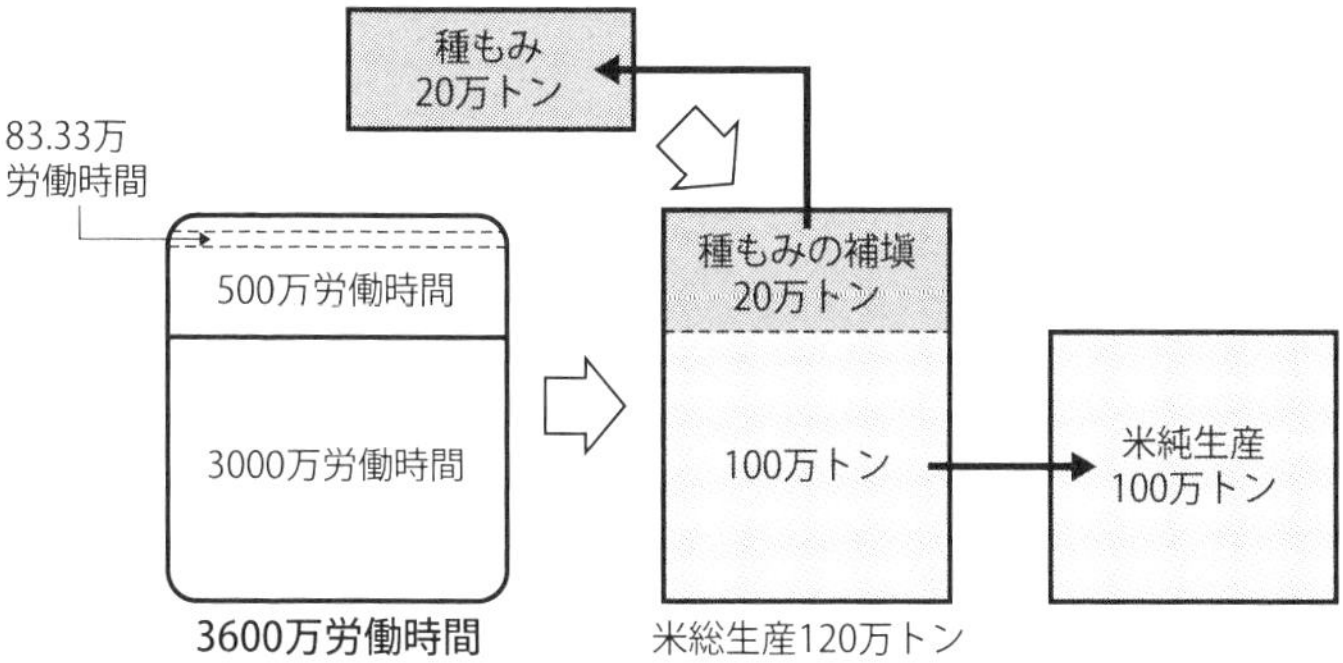

にあたり36時間の労働を用いていることになり、これが、ここでの投下労働価値となるわけです。

このとき、毎年投入される３６００万労働時間の全てが、米１００万トンのその年の純生産のために直接に投入されているのではありません。来年以降のことを考えなくていいのであれば、１００万トン作るための労働はもっと少なくてすみます。その年に必要な労働は1トンあたり、３６００万時間÷１２０万トンで30時間ですから、１００万トンを作るだけであれば、１００万トン×30時間＝３０００万労働時間ですむのです。

しかし、翌年も１００万トンの純生産をしようとすれば、１００万トン×１／６で、16・67万トンの種もみが必要です（１／６というのは、総生産に対する種もみの比率で、ここでは20万トン÷１２０万トンで出ます）。そうすると、それを作るために、16・67万トン×30時間／トンで、５００万時間の労働を投入する必要があります。

それだけでなく、再来年にも１００万トンの純生産を実現させようとすれば、来年分の16・67万トンの種もみを作るために、今年16・67万トン×1／6で2・778万トンの種もみを生産する必要があります。そうすると、それを作るために、2・778万トン×30時間／トンで、83・33万時間の労働が、今年のうちに投入される必要があります。

かくして、毎年100万トンのバルタン米を純生産し続けるには、今年のために3000万時間、来年に備えて500万時間、再来年に備えて83・33万時間、そのまた次の年のために……と、相並んで今年の労働が投入されなくてはならず、その総計が3600万時間ということになるのです。100万トンのバルタン米を純生産するために、3600万時間が投入される必要があるのは明らかですが、この3600万時間はすべて今年の労働だということは誰でも認めることと思います。そこに、過去の労働は含まれていないのです。

【投下労働価値は、社会的欲求に応じた総労働の配分を表すための概念】

これを一般化して言うと、投下労働価値とは、ある財を1単位、毎年純生産するために毎年社会のどこかで同時に投入されなければならない労働の合計ということになります。このような把握の仕方を「**社会的な労働配分把握**」と呼ぶことにしましょう。マルクスも、このような仕方で投下労働価値概念をとらえていたことは、クーゲルマンあての有名な手紙の言葉からも見て取ることができます。

価値概念を証明する必要がある、などというおしゃべりができるのは、問題とされている事柄についても、また科学の方法についても、これ以上はないほど完全に無知だからにほかなりません。どんな国民でも、一年はおろか、二、三週間でも労働を停止しようものなら、くたばってしまうことは、どんな子供でも知っています。どんな子供でも知っていると言えば、次のことにしてもそうです、すなわち、それぞれの欲望の量に応じる生産物の量には、社会的総労働のそれぞれ一定の量が必要だ、ということです。社会的労働をこのように一定の割合に配分することの必要性は、社会的生産の確定された形態によってなくなるものではなく、ただその現われ方を変えるだけのことというのも、自明のところです。自然の諸法則というのはなくすことができないものです。歴史的にさまざまな状態のなかで変わり得るものは、それらの法則が貫徹されていく形態だけなのです。そして社会的労働の連関が個々人の労働生産物の私的交換をその特徴としているような社会状態で、この労働の一定の割合での配分が貫徹される形態こそが、これらの生産物の交換価値にほかならないのです。[vii]

つまり、米何万トン、布何万メートル、スマホ何万台、ボールペン何万本といった形で社会全体で何が必要であるかが分かれば、それに応じた純生産をするために、各商品の純生産量に投下労働価値をかけた労働が、それぞれ必要とされることが分かります。

投下労働価値で表す「ヒトとヒトとの依存関係」から価格はズレる

【投下労働価値の比は純生産の取り替えの比を表す】

そうであるとして、たとえば、先ほど例に用いたバルタン星で、バルタン布への一年あたりの社会全体のニーズが9万メートル増えたとすれば、どうなるでしょうか。バルタン布の投下労働価値は1メートルあたり20時間でしたから、両者の積である180万時間の労働が、布の生産のために直接・間接に――つまり、布をつくる工程と綿を栽培する工程に――新たに充当されなければならない、ということがわかります。

このとき、社会の成員の全員がすでに働いていて総労働が一定ならば、別の純生産のために配分されている労働を180万時間減らして、バルタン布の直接・間接の生産へと移動させなければならないことになります。労働配分が減らされた財の純生産はその分減ることになります。たとえば、バルタン米のための労働配分を減らすとすれば、バルタン米の投下労働価値は1トンあたり36時間でしたから、180万時間÷36時間／トンで、5万トンのバルタン米の純生産が減ることになります。

このことは、いかなる社会においても成り立たなければならないことです。中央当局の指令によって全生産がなされる社会システムであれば、180万時間分の労働を、米の生産から布の生産（製布と綿栽培）へと配置転換するよう指令を出します。話し合いと合意によって全生産がなされる社会システムであれば、同じ180万時間分の労働移動が、当事者たちの合意でなされることでしょう。

たしかに、機械や工場などの固定的な生産手段が大規模化すれば、その社会のニーズの変化に合わせて生産編成を組み替えようとしても、スムーズにはいきません。しかし、長い目で見れば、どれほど巨大な設備であっても、結局は人が作るものですし、消耗していきます。それに対して、人間による労働は、機械のように生産できません。ですから、生産編成の組み替えを組織化しようとすれば、究極的には労働だけが制約要因となります。ということは、社会のニーズの変化に合わせて社会の生産編成をどう組み替えるかという問題は、消耗する機械や工場を毎年生産する分の労働も視野に収めた上で、やはり総労働の配分の組み替え問題として解かなければならない、ということなのです。

【商品生産社会独特の総労働配分の編成替えのされかた】

商品生産社会においては、それが独特の仕方でなされることになります。これを説明するために、まず、単純商品生産社会を想定することにしましょう。

そこでは、布のニーズが増えると同時に米のニーズが減ることは、布の需要増と米の需要減として現れ、布の価格は他と比べて上がり、米の価格は他と比べて下がることになります。すると、布生産者の労働あたり所得は他より増える一方で、米生産者の労働あたり所得は減るので、米生産者は米生産をやめて布部門に移動していきます。そうすると布の生産が増えるので、材料である綿の需要も増して、綿の価格は上昇し、綿生産者の労働あたり所得も増加するので、綿部門への生産者の移動が起こります。

こうして布や綿の価格は上昇しますが、他業種から生産者が参入してきたこともあって供給量が増加しますので、やがて布や綿の価格は下がっていきます。こうした中で、米の生産者は減り、価格も下がっていたわけですが、供給量が減少することで価格は上がっていき、当初の投下労働価値どおりの価格比に戻る力が働きます。このとき、180万時間分の労働が移動しているのですが、誰もそれを意図してはいないのです。

単純商品生産にしろ資本主義的生産にしろ、商品生産社会では、生産者一人ひとりの労働は、社会全体のニーズを把握してはおらず、各人の見込みに基づいて労働が行われているだけです。それが社会全体で合成されたとき、社会的に必要な労働配分よりも多くの労働がある商品の生産のために配置されているかもしれません。逆に、社会的に必要な労働配分よりも少ない労働しか配置されていないかもしれません。ですから、一つの商品を、投入労働量によって評価するわけにはいかないのです。他の商品という、迂回路を通して評価しなければなりません。言い換えれば、商品を作り、それが他の商品と交換されることによって、はじめてどの程度有用な労働であったかが分かるのです。

その交換割合が、先のマルクスからの引用で出てきた「交換価値」で、さしあたりそれは投下労働価値の比から常にズレるわけです。それによって、ある業種で生産を行うことが「ひきあう／ひきあわない」という違いが生まれ、労働の移動が促されることになるわけです。

【「ヒトとヒトとの依存関係」の次元に立って、「モノとモノとの交換関係」の一人歩きの抑圧性を批判するのが労働価値概念の意義】

『資本論』冒頭の「価値形態論」に、このあたりのことが書かれているわけですが、この価値形態論の要点は、投下労働価値に価格はしたがうということではなく、**投下労働価値から価格はズレるという点にあることがわかります。**

社会の本質（正体）は、私たち人間がお互いのニーズを満たすために、自然[10]に対して労働を投入し、そこから純生産物を取り出して享受する[11]点にあります。こうした**「ヒトとヒトとの依存関係」**は、すべての時代、すべての社会に共通して見出せます。そこでの人々の労働の連関（つながり具合）を表すのが直接・間接の投入労働量で、特に商品生産社会におけるそれを「投下労働価値」と呼ぶわけです。

ところが商品生産社会では、第2章で詳しく見ました通り、これはストレートな形では現れま

10——機械などの人工の対象物や人体も含みます。
11——労働をサービスとして直接享受することも含みます。

せん。私たちの眼前には「モノとモノとの交換関係」として立ち現れます。これが「物象化」と呼ばれるものです。いったんそうなると、それは、「ヒトとヒトとの依存関係」を反映した投下労働価値からズレるわけです。単純商品生産社会であれば、このズレは長い目で見たら変動がならされて、平均的には「ヒトとヒトとの依存関係」を反映するようになりますが、資本主義経済では、そうした変動がならされてもなお、生産価格は投下労働価値からズレますので、「モノとモノとの交換関係」と「ヒトとヒトとの依存関係」のズレが解消されることはありません。

この図式は、第2章で見た「疎外論」の図式の一種です。そこでも見たように、「モノとモノとの交換関係」といっても、ここでいう「モノ」は、個々人にとって変えようのない観念のことです。もともとそれは、人間が考え出した社会的な取り決めや予想の一種なのですが、あたかも「モノ」のようにして個々人を縛るのです。それは、「ヒトとヒトとの依存関係」における個々人の暮らしや労働の必要から生まれてきたものなのに、人々のコントロールの手から離れていき、まるで「モノ」のように一人ひとりの行動を拘束するようになります。それがひどくなると、「ヒトとヒトとの依存関係」における個々人の暮らしの再生産を、恐慌のように破壊してしまうことになるのです。立派な疎外ですね。

それゆえ、投下労働価値概念を用いるということは、社会をその本質から認識するためのツールとして用いるだけでなく、「ヒトとヒトとの依存関係」のもとで暮らし労働する個々人の立場に立って、そうした在り方を抑圧する「モノ」の一人歩きを批判するという価値判断が、そこには含まれているのです。このように考えると、資本主義経済体制において、価格の次元と価値の次元がズレていることは、まさに体制批判の要をなすのであって、両者の一致を証明するために理屈を重ねるのはかえって無用のことと言えます。

【投下労働価値概念を使わない学派は「ヒトとヒトとの依存関係」から経済を捉えられない】

その意味では、「ミクロ経済学」や「マクロ経済学」といった主流派経済学は、「価格」次元――「モノとモノとの交換関係」の世界――だけでものを見ているので、すべての人間社会に共通する「ヒトとヒトとの依存関係」から物事をとらえられないという限界があると言えるでしょう。それで言うなら、労働価値概念を用いないかぎり、非主流派のすべての経済学も同じです。ポスト・ケインズ派もスラッファ派もラジカル派もレギュラシオン派も、どれだけ階級的な視点で経済分析をして、労働者階級の側に立とうとも、その点でやはり限界があるのです。

さらに言えば、たとえマルクス経済学を名乗っていても、こんにち欧米の一部で広がりを見せている「新解釈派」などの「シングル・システム派」は、価格の次元と価値の次元を分けることを否定し、事実上、価格の次元に一本化することを提唱していますので、やはり限界があります。一見、労働価値を用いているように見えますが、それは、世の中の全純生産物を比率は同じままスケールだけ縮小して、1セットあたり労働1単位で純生産されるバスケットを作り、実際の価格を「円」や「ドル」などの価格で表す代わりに「バスケット何セット分の値段」で表すというもので、ある種の労働単位に置き直しただけなのです。価格の単位を変えただけですから、どれだけ滅茶苦茶な価格体系であっても、すべて「労働価値」で表すことができます。[viii]
マルクス経済学の本当の強みは、そうした価格の次元にとどまるものでなく、もっと深いところから経済現象を理解できる点にあるのです。

3 搾取論の意義は、労働者向け生産と剰余生産への総労働の配分を捉えること

賃金と利潤の階級的対抗関係は、労働価値を使わなくても論じられる

【労働者が入手する財を生産するための労働が、それを入手する賃金を得るためにした労働より少ないのが搾取】

ここでは、「マルクス経済学と言えば労働搾取論」と言われる、その「搾取」について考えてみましょう。
Aという労働者が、ある労働時間働いて賃金をもらいます。この賃金を使って入手できるさまざまな生活物資について、その投下労働価値がどうであるかを考えてみてください。つまり、これらの財を純生産するために必要な直接・間接の労働がどうであったのか、ということです。こ

れが、Aという労働者が賃金をもらうために働いた労働時間よりも少なかったならば、労働者は、自分が受け取るものを生産するのに要するよりも、さらに多くの労働時間働いたことになります。その時間分は、自分では自由にできないもののために労働させられたということです。これが「搾取」と呼ばれます。

マルクスは、さしあたり投下労働価値に比例する価格を前提して、このようにして労働者から搾取した剰余労働が利潤の源泉であると主張しましたが、置塩信雄はこの主張がいかなる価格のもとでも成り立つことを証明したのでした。それによって、より多くの利潤を得るために労働の搾取を強める資本主義的な生産の仕組みを暴くことができるようになりました。

【多くの左派経済学は賃金と利潤の階級的対抗関係を労働価値概念抜きで論じている】

しかし、これが利潤と賃金の階級的な対抗関係をのみ意味しているのであれば、何も労働価値概念を使わなくても表せます。厳密な証明には線形代数の知識が必要ですが、その本質は、ごく簡単な連立方程式のモデルで理解できます。

実質賃金率が上昇するならば、均等利潤率は低下しなければならない。均等利潤率が上昇するならば、実質賃金率は低下しなければならない。一人あたり実質賃金が変わらなくても、労働時間を長くすれば利潤率は高まり、利潤分配率も高まる。労働生産性が上がったとしても一人あたり実質賃金が変わらなければ利潤率は上昇し、利潤分配率も高まる。——こういったことを言うのに、投下労働価値を用いる必要は全くありません。

実際、ポスト・ケインジアンやスラッファ派、ラジカル派、レギュラシオン派の多くはこのように考えて、労働価値概念を用いることなく、階級的な対抗関係について分析しているのです。「会計的な把握」にもとづいて投下労働価値を理解している限り、労資の所得分配の対抗関係を示すために、なぜ労働価値概念を用いて労働搾取の存在を指摘しなければならないのか問われても、答えるのは至難です。

社会的労働配分把握から見た搾取

【マルクスは、賃金上昇・利潤下落を、賃金財部門拡大・剰余生産部門縮小と捉えている】


投下労働価値概念を使って労働搾取を把握することの意義は、所得分配にとどまらない「社会的な労働配分」がどうなっているのかを把握できる点にあります。マルクスの著作で言えば、『賃金・価格・利潤』と『資本論』第2巻を読むと、そのことがはっきりわかります。

そこでは、賃金が上がって利潤が下がるという事態が何を意味するかが書かれています。それは、資本家のポケットに入るはずだったおカネが労働者のものになるとかいう事態ではないのです。マルクスの論述においては、おもに賃金によって購入される必需品と、おもに利潤によって購入される奢侈財（ぜいたく品）の二部門だけがある世界が想定されていて、賃金の上昇は必需品の需要増大を、利潤の減少は奢侈財の需要減少を意味しています。そうなると価格の変動が生じ、奢侈財部門から必需品部門へと資本が移動し、一連の変動が落ち着いた先では、社会の総労働の中で、必需品を生産するための労働配分が増大し、奢侈財を生産するための労働配分が減る、という結論になっています。

必需品を生産するための労働は、労働者自らが入手できるものを生産するための労働です。マルクスはこれを「必要労働」と呼んでいます。それに対して、奢侈財を生産するための労働は、労働者にとって、自ら入手できないもの（剰余生産物）を生産するための労働です。マルクスの言葉で言えば、「剰余労働」です。つまり、ここでは経済全体で、剰余労働が減って必要労働が増えるという、部門間の総労働の配分替えが起きているのです。

【総労働の配分替えを各自の労働時間の分割に読み替える】

ここで起きていることを、一人ひとりの労働者に起きていることとして読み替えることもできます。朝から晩まで、資本家向けの奢侈財の生産に従事している労働者であっても、必需品を手に入れなければ生きていけません。言うまでもなくその必需品は、必需品部門やそのための生産手段部門の労働者が直接・間接に必需品を生産した産物です。たとえ朝から晩まで、直接・間接に奢侈財を生産している労働者であっても、手に入れた必需品を作るための労働の分は、自分のために労働をしたとみなすことができます。

他方で、必需品の純生産に従事している労働者から見れば、奢侈財を生産している労働者の手

図3－4

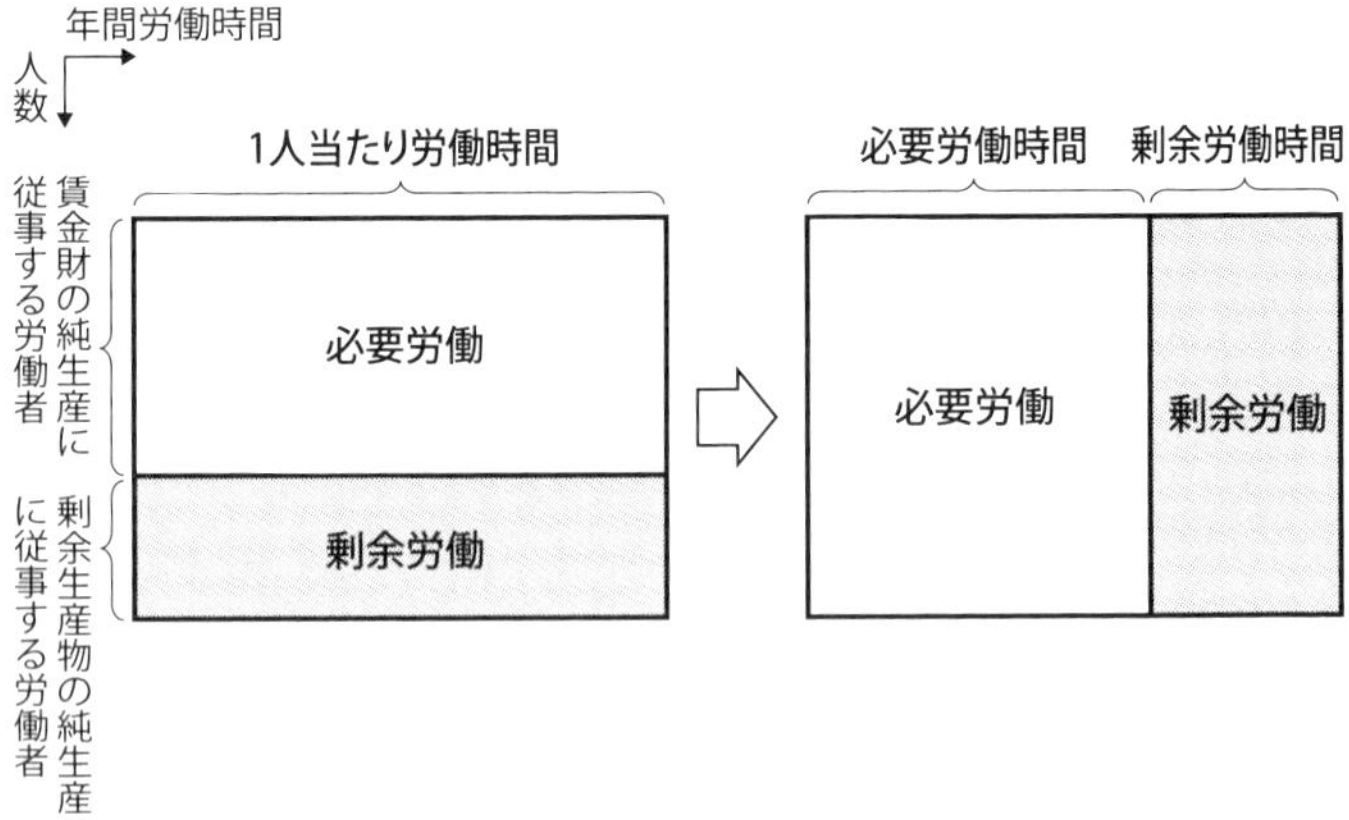

に入る必需品を生産するための労働は、自分のために労働していないことになりますから、その分は、労働者が手に入れられない奢侈財を作るための労働をシェアしていることになります。奢侈財を作っている人のための必需品を、当人の代わりに作ってあげることによって、間接的に奢侈財生産に貢献するということです。

かくして、一人ひとりの労働者は、各人にとっての必需品を生産するための、直接・間接に必要な労働を自分のために行い、残りの労働時間は、資本家のために労働していると見なすことができます。前者が「**必要労働時間**」で、後者が「**剰余労働時間**」と呼ばれます。全労働者の「必要労働時間」の総計は、総労働の中から必需品の生産のために配分された「必要労働」に等しく、全労働者の「剰余労働時間」の総計は、総労働の中から奢侈財生産のために配分された「剰余労働」に等しくなります。社会全体の必要労働と剰余労働の配分比は、労働者一人ひとりの必要労働時間と剰余労働時間の比率と等しくなります[12]。

それを説明したのが図3－4です。左右の合同な長方形は、労働者一人ひとりの単位期間あたりの労働時間を横の長さにとり、雇われて働く労働者の人数を縦の長さにとった長方形であり、その面積が社会的総労働を表しています。

左の図は、労働者が手にできる財の直接・間接の生産に従事している人数と、資本家が自由にできる財の生産に直接・間接に従事している労働者の人数とに分けたものです。実際には、社会的分業の中で、労働者たちはこのように仕事を分担しあっているというわけです。

それを、労働者一人ひとりの労働時間に置き直してみたのが右の図です。白い部分の面積と、網がかかっている部分の面積は、左の図でもそれぞれ同じですから、双方は同じ事態を表しているとみなすことができます。

それゆえ、一日八時間なら八時間と労働時間に変化がない中で、賃金が上昇して労働者一人ひとりが手にできる必需品の量が増えれば、各人の必要労働時間は上昇する一方で、必要労働時間が増加した分、剰余労働時間は減少することになります。それは社会全体において、必需品の生産のために総労働の中から配分された必要労働が増加する一方で、奢侈財の生産のために総労働

12——正確に言えば、全労働者の貨幣賃金率が等しく、しかもそれで買う各種賃金財の構成比が全労働者で同じならばこうなります。この仮定が満たされなくても、全労働者を平均すれば、この話は成り立ちます。

の中から配分された剰余労働は、必要労働が増えた分だけ減ることになります。つまり、この二つは表裏の関係になっているわけです。これが、「搾取が減る」ということの意味です。

総労働の、このような配分の変動がなければ、いくら賃金が上がっても、必需品の生産量は変わりませんから、その価格が上がって元の木阿弥になるだけです。

今日では、「産業連関表」として公表されているデータを使って、さまざまな産業の生産物の投下労働価値を実際に計測することができます。それゆえ、必要労働や剰余労働がどれだけあって、搾取の度合いがどの程度であるかを、実際に数字にして見ることができます。この本では次の章でこのことを詳しく見ていきます。

【企業が貨幣所得を全額賃金分配しても、設備投資が起こると搾取が発生する】

価格を計測単位に使って賃金と利潤の関係を会計的に把握することによっては、こうしたことはわかりません。それは、次のような例を考えてみればわかります。

すべての企業が自社の全収益を賃金として従業員全員に分配し、利潤としては一銭も残さなかったとしましょう。価格タームで会計的にこれを把握する場合、これによって「搾取はなくなった」と言うほかありません。

しかし、ここですべての資本家が、銀行からおカネを借りたり、それまで貯めこんだ資産を取り崩したりして資金を用意し、設備投資をしたとしましょう。機械や工場建設業などの設備投資財を生産する部門では超過需要が起こって価格が上昇し、資本参入が起こります。そうなると、賃金財（賃金が支出対象にする種類の財、主に必需品の消費財など）生産から、設備投資財を生産する部門へ労働が移動して、賃金財は供給不足となり、その価格は上昇します。設備投資財生産を拡大する際に、失業者を新たに雇用して、その労働に従事させる場合も、賃金財生産がそれと同様に拡大しなければ、設備投資財生産のための新規雇用者からの需要の分、需要が超過して、賃金財の価格は上昇します。こうして、すべての企業所得が賃金として分配されたというのに、それで買える賃金財の量が減ってしまいます。

かくして、労働者には入手できない設備投資財を生産するために総労働の一部が配分され、それと表裏の関係として、労働者一人ひとりにとって、各人が入手できる賃金財を生産するために必要な労働時間が減り、その分、剰余労働が発生します。つまり、搾取が起こるということです。これが、経済の根底の「ヒトとヒトとの依存関係」の世界で起こることです。

こうなると、価格で測られる物象化された世界では、賃金に比べて各財の価格が上昇し、結局、利潤が発生するということになるのです。

【すべての労働者はすべての資本家に搾取されている】

「会計的な把握」をする場合、ある企業で発生した利潤は、そこで雇われている労働者から搾取した剰余労働の現れとみなしてしまいがちですが、それは誤解です。価格と投下労働価値が比例しない以上、各企業における付加価値は、そこで投入される労働に比例しません。ですから、各企業の利潤はそこでの剰余労働時間に比例しません。労働者一人ひとりの剰余労働時間は、**経済全体の剰余生産物**を直接・間接に生産するために、総労働から配分された労働を、労働者みんなでシェアしあったものなのです。それゆえ、すべての労働者が、すべての資本家階級のためにそれぞれ剰余労働していると言えるのです。

4　貿易黒字や課税問題を総労働配分から捉える

貿易黒字の「価値」はどこからきたのか

【輸出超過分の輸出財を生産するための労働は剰余労働である】

価格タームの物象の世界だけで見ていると誤解が生じやすいのですが、その典型が、貿易黒字による利潤はどこで生じるのかという問題です。かつて重商主義者は、外国から何か値打ちのあるものを取ってきたのが源泉だと考えました。現代の主流派経済学者でそんなことを言う人はいないはずですが、今でも評論家や通商官僚、政治家の中には、このような発想をする人が少なくないようです。それだから、「国際競争力」をつけるために賃金を下げるべきだとか、規制緩和をして市場競争にさらされたほうがいいとかいったことを平気で口にするのです。そしてそのことが、労働者を含む国民すべてにとってトクだと喧伝されます。

投下労働価値の「社会的労働配分把握」の方法からすれば、事態の本質は明らかです。貿易黒字とは、輸入の見返りのない、輸出超過分の輸出財の金額です。その輸出財は、もちろん、労働者たちには入手できるものではありません。さしあたって、外国の人が入手するのです。

ですから、その輸出超過分の輸出財の直接・間接の生産のために、総労働から配分される労働は、自分たちには入手できないもののための労働＝剰余労働となります。そうすると、この労働はすべての労働者にシェアされて、労働者一人ひとりにその分の剰余労働時間が発生することになります。ですから、「貿易黒字の源泉は自国労働者からの搾取」なのです。

【海外貸付で買われる財のために自国労働者が剰余労働したとみなせる】

利潤の送金など、外国との所得の直接的なやりとりを省けば、貿易黒字はそのまま、外国への純貸付の増加になります。資本家を個別に見ていけば、輸出でもうかった外貨をすべて円に換えて、円で支出する人もいるかもしれません。しかし、それとは逆に、円で商品を買うのをやめて、貿易業者から受け取った外貨を外国への貸付（現地への工場進出なども含む）にまわす人が必ず出てくるのです。そうなると、国全体で合わせれば、貿易黒字で入ってきた外貨は、結局のところ外国に貸し付けられて、設備投資財といった何らかの財やサービスに支出されることになります。

ということは、究極的には、それらの財やサービスを生産するために、自国の労働者は剰余労働をさせられたということになるのです。

たとえば、日本の対中貿易黒字で得た人民元が、現地の資本蓄積に投資されているとすれば、その設備投資財を作るために、日本の労働者が搾取されていることになりますし、対米貿易黒字で得た米ドルでアメリカの財務省証券を買っていたとすれば、たとえばアメリカのミサイルを作るために、日本の労働者が搾取されていることになるわけです。

【失業が減るのはメリットだが、搾取は高まるかもしれない】

貿易黒字の拡大が労働者にメリットをもたらすとすれば、輸出財を生産するために雇用が増やされ、それによって失業者が減るということしかありません。しかしこのときも、賃金財生産がそれに劣らず拡大するのでなければ、労働者一人ひとりが手にする賃金財の量は、総雇用が増えた分、減ってしまいます。そうすると、一人ひとりの労働者にとっては、必要労働時間が減少する代わりに剰余労働時間が増大するという事態が生じます。つまり、搾取が強まるということです。輸出主導による景気拡大には、こうした側面があるのです。

なお、完全雇用が実現したなら、貿易黒字が失業を解消するメリットはなくなってしまいます。しかし、その場合にも、貿易それ自体のメリットはあります。労働者の賃金財を、自国で自給生産するよりも少ない労働で生産した輸出財を輸出した見返りに輸入できるならば、必要労働は減少することになります。その分、剰余労働は増え、剰余生産物が余分に生産できることになります。ですから、そこでの貿易による利潤増も、自国の労働者の搾取がその源泉なのです。このとき、貿易で浮いた労働で剰余生産物だけでなく、労働者の賃金財の生産も増えるとすれば、そのぶん搾取の増加は軽減され、労働者も貿易の実質的な恩恵を受けることになります。

課税と政府支出を「ヒトとヒトとの依存関係」から捉える

【なぜ税金をとる必要があるのかという疑問】

さて、価格タームの「会計的把握」で考える際にもっとも誤解が生じやすいのが、国家財政の問題です。国家財政に対しても、家計や企業と同じような会計の仕方をあてはめて考えてしまいがちなのです。もちろん、政府の財政部門の中にいて金銭で測る世界での帳尻を合わせているかぎり、それで問題はありません。しかし、それと同じようにして経済全体を論じようとすると、根本的なところを把握し損なってしまうのです。

そもそも、どうして税金というものが存在するのか、考えてみたことがあるでしょうか。会計的な発想をするかぎり、そんな疑問は出てきようがありません。しかし、政府が紙幣を発行し、それを財源にした例は過去にたくさんあります。明治維新政府も、支出のほとんどを、紙幣を作ることでまかなっていました。西南戦争で戦費を捻出するために紙幣が乱発されるまでは、インフレが悪化することもなかったのです。あるいは、国が借金をして財源をまかなうのはダメなのでしょうか。国が潰れることはないのですから、返済分も借金でまかなうことにして、延々と借金を膨らませて何か都合が悪いのでしょうか。

【消費税をかけると消費財生産が減って、浮いた労働を政府支出先で必要になる労働にまわせる】

「社会的労働配分把握」をすれば、会計的な見方ではわからないことが見えてきます。たとえば、政府支出として介護サービスを行うことを考えてみます。これは、介護労働およびそこで使用する資材を生産するための労働を、総労働の中から配分しなければならないということです。それをまかなうための資金を、たとえば消費税でまかなうとすれば、それが何を意味するかわかりますか。

その分、消費支出が抑えられますから、これに伴って消費財の生産が減り、総労働の中で、消費財を直接・間接に生産するための労働が抑えられ、課税前と比べてその分の労働が浮くということです。もし、すべての人手がどこかで雇われていて、総労働が一定ならば、その浮いた労働が、介護サービスのための労働配分にまわされるわけです。

もちろん、別の部門を間にはさんで「玉突き」的に「まわされる」ケースもあるでしょうし、消費財部門での定年退職者の穴埋めがなされずに、介護部門で新規採用が増えるということもあるでしょう。

しかし、どの場合も、結果的には同じことです。以下、労働が「まわされる」という言い方をするときには、これらのケースも含んでいると思ってください。また、消費財としても、介護サービスとしても、どちらにも使える生産手段を作っている労働の場合、生産物の用途先が消費財部門から介護サービス部門へと変わるだけで、労働の内容には何の変化もないというケースもあると思います。ここでは、そのことも含めて「まわされる」と言っているとご理解ください。

北欧諸国の高福祉は広く知られていますが、その財源として、日本よりも税率の高い消費税がありました。そのことが、さまざまな部門における総労働の配分という観点からすると、どのように分析できるのかについて、次章で見ます。

【政府の資金調達方法の違いは、労働を浮かせる方法の違いである】

そうすると、たとえば自動車税を設けるということは、それによって自動車の生産が減り、その直接・間接の生産にそれまで配分していた労働が浮き、その分を介護サービスのための労働にまわせるということですし、法人税を上げるということは、企業の利潤から支出される財、たとえば設備投資財の需要を減らすことで、その生産のために配分していた労働が浮いて、その分を介護サービスのための労働にまわせるということだとわかります。炭素税を設けるならば、二酸化炭素を多く出す生産が抑えられることで、その分の労働が浮いて、介護サービスのための労働にまわせることになります。

完全雇用が成り立っており、そこでの総労働が一定であるなら、右のように税金を用いるのでなく、別の資金調達の仕方をした場合にも、結局は総労働の配分のあり方を変えることになります。たとえば、国債を発行して民間から資金を借り入れるとすれば、利子率が上昇し、民間企業の資金調達がしにくくなり、設備投資が減ります。これによって、それまで設備投資財を生産していた労働が浮き、介護サービスにまわすことができます。あるいは、おカネを作ってまかなうならば、全般的に物価水準が上昇して、賃金がそれにおいつかなければ、人々の購買力が減って消費が減り、消費財を生産していた労働が浮き、その分が介護サービスにまわされます。

このように、完全雇用ならば、物価や利子率が上がることで、自動的に人手を浮かせて政府支出先にまわすメカニズムが働くわけです。しかし、増税ならば、課税と政府支出先を争点として、どんな労働配分替えをすべきか民主的手続きで選択できますが、物価や利子率が上がるメカニズムによる場合は、「だまし討ち」的に労働配分が減らされることになりますので、あまり望ましくないと言えます。

【どんな生産への労働配分を減らしてどこにまわす政策かで「搾取」が変わる】

労働者階級にとって介護サービスが受益であるならば、総労働の中から、そのために配分された労働は必要労働に含まれます。消費税による課税でその資金をまかなう場合は、労働者が受け取る消費財のための労働配分が減らされ、それが介護にまわるだけですから、そこでの労働の配分の変化は、必要労働の中での入れ替えにすぎません。

それに対して、資本家しか消費しないような奢侈財、あるいは労働者には自由にならない設備投資への労働配分を減らし、それを介護にまわすような課税の場合、剰余労働が減って、その分が必要労働にまわることになりますので、搾取が減ります。

それゆえ、税制においては、単におカネが取れそうだから徴税するのではなく、労働者階級にとって望ましい労働配分の移動を促進するような税制を設計することが大事であることがわかります。

【失業者がいるなら労働を浮かせる必要がないので課税の必要はない】

以上の考察からわかるように、課税の意義は、公共サービス供給のために必要になる労働を別の部門で浮かせることにありますから、それが必要になるのは、完全雇用が実現して、すべての人が何らかの業種で労働をしている場合です。人手が余って失業者が出ている状況ならば、労働を浮かせる必要はありません。ですから、こうしたときには、政府が無からおカネを作ることによって支出をまかなっても、国の借金をどんどん膨らませても、働く気のある失業者が雇いつくされるまでは何の問題はありません[13]。政府がお金を投じる先で必要となる労働の配分が、失業者から直接的に、あるいは「玉突き」的に雇われて実現するという、ただそれだけのことですから[14]。

実際、明治維新直後の失業者が大量に存在する時代には、新たにおカネを作ることで政府支出をまかなっても、ひどいインフレにならずにすんだのです。インフレにすることで消費を減らして消費財を作っていた人手を浮かせてまわす必要がないからです。また、平成不況に入って、日本では大量の失業者を抱えている中では、国の借金がどんどん膨らんでいっても、利子率の高騰（＝国債暴落）が生じることなく、いくらでも資金調達ができました。利子率を上げることで設備投資を減らして設備投資財を作っていた人手を浮かせてまわす必要がないからです。

【労働が余っているのに消費税を上げて消費が減って騒ぐのはおかしい】

税金について、「社会的労働配分把握」に照らして検討できていたなら、まだ景気が十分回復していないときに消費税率を上げる必要などないことは理解できたはずです。消費税の意義は、消費を抑えることで労働を浮かせることにあるのに、消費税の引き上げを主張する人たちが、「消費は減らないから大丈夫」と喧伝したのもナンセンスな話ですし、いざ引き上げてみると消費が減ってしまい、「そのためにやった」と開き直るならともかく、今さらながら驚いて対策を講じるのもおかしな話です。「会計的な把握」しかしていないので、こんなおかしなことになったのだと思います。

【長期的な合理的生産編成は価格タームの世界では解けない】

私たちは、投下労働価値概念の「社会的労働配分把握」の仕方に依拠することで、すべての人間社会に共通する「ヒトとヒトとの依存関係」にとって合理的な生産編成のあり方を把握することができます。価格タームの物象の世界は、ここからズレてしまっているので、その観点から考えていると、「ヒトとヒトとの依存関係」にとって合理的な生産編成を把握できません。資本主義経済では失業者もたくさんいますし、そのときどきの需要供給の変動要因や、その他さまざまな要因があって、投下労働価値から価格はズレています。

そうであるなら、これから一〇年後、二〇年後といった、長期的なタイムスパンで、合理的な生産の編成を構想するとき、ある部門への課税から得られる税収と、別部門への支出とが金額の上で収支均衡したとしても、その課税で浮く労働と、その支出で必要になる労働とが乖離していたならば、その生産編成は実現不可能ということになります。将来の日本では、高齢化がいっそう進行して人手不足が深刻化しますので、特にこの問題が重要です。そうした時代における、バランスの取れた再生産のあり方を展望するに際しては、価格タームではなく、投下労働価値概念

13――発展途上国において、生産設備がまだ不足しているときや、戦争などで生産設備が甚大な被害を被ったときには、生産設備をフル稼働させても、なお人手が余って失業者が発生することがあります。こうしたときに、無からおカネを作って政府の支出を増やしていくと、まだ失業者が残っているのに、生産の上限に達してしまい、それ以降はインフレが悪化していくということがあり得ます。

14――失業者が新たに雇われ、その労働によって生産される公共サービスが、貨幣価値を支えているという言い方ができるでしょう。もし完全雇用の下で同じことをしたなら、たとえ政府の生産するものが金であったとしても、インフレは悪化します。金を生産する労働が新たに確保できるのは、インフレで人々の購買力が低下し生産が減少することで、労働が浮いたからです。

を用いて、社会的な欲求に合わせた総労働の配分の仕方を分析することが不可欠なのです。次章を読み終えたときには、その解き方の骨子が理解できるようになっているはずです。

5　まとめ

この章での議論をまとめておきましょう。一般にマルクス経済学の特徴とされるもののうち、「階級的視点」「疎外論」「唯物史観」はいずれも、今日では「ミクロ経済学」なり「マクロ経済学」なりの現代経済学の手法によって、一定の価値判断を含めることで表すことができました。しかし、ことマルクス経済学の特徴と誰もが認める「労働価値概念」については、こんにちの「ミクロ経済学」も「マクロ経済学」もカバーしていない手法であることは間違いありません。

なるほど、「価格の規定因としての労働価値説」は、今では理論的にも実証的にも成り立たないことが証明されています。しかし、投下労働価値概念の「社会的な労働配分の把握」の仕方は、「ヒトとヒトとの依存関係」という本質から世の中をとらえるための方法として使えます。価格タームではとらえられない、世の中の長期的な再生産のための合理的な生産編成を考察するためには不可欠です。その意味で、現代経済学では探究されていないマルクス経済学固有の現実分析領域は残っているのです。

さらに言うなら、投下労働価値概念を用いて社会を把握するということは、「ヒトとヒトとの依存関係」の中で労働し生活する個々人の立場に立って、「モノ」に仮想された社会的観念の一人歩きを批判するという価値判断を遂行することでもあります。一人ひとりの立場に立って、社会的観念の一人歩きを批判するということの価値判断は、「階級的視点」にも「疎外論」にも「唯物史観」にも共通するマルクスの価値判断です。それを隠したりせず強調することが、マルクス経済学のマルクス経済学たるゆえんであると思います。

（松尾匡）

i——「……商品の価値から展開されなければならない。この展開がなければ、一般的利潤率は（したがってまた商品の生産価格も）無意味で無概念的な観念でしかない。」マルクス『資本論』第三巻第九章。『マルクス＝エンゲルス全集』第二五巻第一分冊、原文一六七ページ。

ii——マルクス『資本論』第三巻第九章。同上巻、原文一七四ページ。

iii——厳密な証明は、置塩信雄『マルクス経済学』（筑摩書房、一九七七年）、第4章でなされている。

iv——中谷武『価値、価格と利潤の経済学』（勁草書房、一九九四年）、第二章第一節。

v——中谷同上書、第二章第三節。

vi——「再生産に必要な労働時間が変わるならば、たとえその商品に現実に含まれている労働時間が変わらないとしても、その商品の価値は変化するのである。」マルクス『剰余価値学説史』第二〇章。『マルクス＝エンゲルス全集』第二六巻第三分冊、原文一二六ページ。

vii——「マルクスからクーゲルマンへ　一八六八年七月一一日」『マルクス＝エンゲルス全集』第三二巻、原文五五二－五五三ページ。

viii——同学派の詳しい紹介は、森本壮亮「『資本論』解釈としてのNew Interpretation」『季刊経済理論』第五一巻第三号（二〇一四年一〇月）を参照のこと。

第4章

マルクス経済学で日本社会を数量分析する

前章まででみたように、ある財・サービスの投下労働価値とは、純生産物1単位の生産に直接・間接に投入される労働量（労働時間）のことです。

投下労働価値の分析における特徴として、労働時間で測るということがあります。投下労働価値の分析では、労働時間という単位に着目し分析することが可能となるので、人口減少などによって労働資源をどのように節約するかという課題や、円やドル、元、ユーロなど通貨の異なる国どうしを、労働資源の配分という、共通する観点から比較する場合に強みを発揮します。それでは、現代日本が抱える問題に引きつけて考えてみたとき、投下労働価値による分析にはどのようなメリットがあるのでしょうか。

そもそも人口減少や高齢化による経済問題の諸研究では、それに伴う社会保障サービスへの需要増、政府の支出増が予想され、政府の支出増をまかなう収入が確保できるかどうかが焦点の一つとされてきました。前章までの議論でいうと、それは物象化の世界、すなわち「モノとモノとの関係」を中心にみるということです。

【ハイブリッド型の分析を行っていたマルクス経済学の研究者たち】

これらの研究では、マクロ計量モデル分析という手法を使うのですが、実は、マルクス経済学の分野で研究をすすめてきた研究者たち（置塩信雄、野澤正徳）も、このような研究プロジェクトを進めて、『日本経済の数量分析』を一九八三年に公表しています。

当時、一九七〇年代末までの高度経済成長が終焉する中で、高度成長の再来を目指すのか、それとも福祉の充実を目指すのかという二つの進路が国民に示され、それぞれの実現可能性が研究者同士で、あるいは政党間で議論されていました。置塩・野澤編のこの書では、いくつかのシナリオが提示されていますが、基本的には、私的利潤を追求する資本家階級の行動様式を組み込んだモデル分析となっていました。言い換えると、「モノとモノとの関係」を詳細に描写したモデルが採用されていたのです。

この本で検討に付されたいくつかのシナリオ[1]は、当時の社会構成員のニーズを反映したものでした。ここで言う「社会構成員のニーズ」は、「ヒトとヒトとの関係」から生まれてくるものです。つまり、この書では「モノとモノとの関係」というモデルをベースにし、「ヒトとヒトとの関係」の社会的なニーズを組みこんだケースを検証するという、ハイブリッド型といえる分析を行っていたのでした。これに対して本章では、資本制社会を「ヒトとヒトとの関係」として捉えなおす分析方法を採っていくことを提案していきます。

1——置塩信雄・野澤正徳編『日本経済の数量分析』（大月書店、一九八三年）で展開されているシナリオとは以下の三つです。①民間設備投資、産業基盤型公共投資および輸出が主導的な最終需要構造を、民間消費、政府消費や生活基盤型公共投資主導型に転換する（同上書、一七七ページ）、②輸入構造を変化させる諸政策、具体的には農産物輸入への直接規制や国内農産物に対する価格保証制度等の導入（同上書、一七七−一七八ページ）、③農林漁業や地場産業の生産基盤整備などによる産業の育成をはかる政策の実施（同上書一七八ページ）。

【現代日本の経済問題は、「ヒトとヒトとの関係」で捉え直すべきだ】

本章で取り上げる現代日本は、『日本経済の数量分析』で置塩らが検討した一九八〇年代とは大きく異なる経済状況にあります。低成長期に入ってから、失われた三〇年ともいうべき時間が経過しているわけですが、八〇年代との大きな違いは、二〇一〇年に入ると人口が減少に転じ、一五歳から六四歳までの生産年齢人口は二〇〇〇年から減少が始まり[2]、労働できる人がすべて雇用された上での潜在成長率（自然成長率）も、将来、歴史的にみてまれにみる低水準に陥ることが予想されていることでしょう。こうした中で、マクロ計量モデルを用いて分析をするのではなく、投下労働価値を用いて分析をするのは、次のような理由からです。

第一に、現代日本の経済問題は、先述のように、人口減少を主因としているからです。人口が減っていくことで、労働資源をどの業種に配分すればいいのか、という問題が顕在化することになります。この事態は、現代の資本制社会が「モノとモノとの関係」を土台としているように見えても、現実の社会の側から、投下労働価値でみた「ヒトとヒトとの関係」で捉え直すよう強く要請されていることを示しています。

投下労働価値を用いる第二の理由は、これから人口が減っていく中で、社会的なニーズが増大する領域で生じるであろう労働力不足に対し、私たちの社会はどう対応できるのかを考える際に、きわめて有益な知見を与えてくれるということがあります。この概念を用いることで、社会全体の中で、いかなる領域で労働者が足りず、いかなる領域で、そこで必要とされる以上の労働者が労働しているのかを知ることができますし、労働者が足りない領域があるとして、その不足を解消するにはどうすればいいのかという、社会の持続可能性にかかわる課題を解決する上で、より具体的な方法を導き出すことができるのです。

【「モノとモノとの関係」で捉えるマクロ計量モデルには弱点がある】

補足的に言うなら、人口減少に起因する経済問題を、貨幣単位でみたマクロ計量モデルによって分析することは、迂回的であるという限界があります。マクロ計量モデルによって、人口減少や高齢化による社会保障財源の不足が生じるという予測が出たとして、あくまでそれは「モノとモノとの関係」に基づく分析結果なのです。

マクロ計量モデルにも、労働者側の就業希望者数と、企業等で実際に働いている人数との乖離

2——総人口と生産年齢人口は、五年ごとに行われる総務省「国勢調査」によるものです。国勢調査が実施されない中間の年次について推計を行う総務省の「推計人口」を用いて、総人口と生産年齢人口の増減を比較しました。総人口が減少した年を二〇一〇年以降としたのは、国勢調査実施年である二〇〇五年から二〇一〇年にかけては増加し、二〇一一年の推計人口からは減少に転じているためです。ただし、二〇〇六年以降の推計人口の値は減少し、二〇一〇年に急増するという不自然な動きをしていました。推計人口の推計精度に問題があるのだと思います。生産年齢人口は、国勢調査の調査年次、推計人口の調査年次にかかわらず、二〇〇〇年から減少していました。

を分析するための「労働市場ブロック」という分析道具があり、これには一定の失業率が繰り込まれるようになっており、労働市場において、労働者をめぐる需要が供給を上回らないよう調整されています。しかし、多くの場合、労働市場に関する分析結果は、最終的な分析結果にはきちんと反映されていません。そもそもこのモデルは、利潤を追求する資本家の行動様式を前提にしており、社会的なニーズに応える純生産の割合（生産編成）には関心がありませんので、社会全体でどれだけの純生産がなされているのか、はっきり示せないという弱点があるのです。

以上のことからお分かりのように、投下労働価値の分析は、資本制社会においても有用なのです。

本章で示す分析結果の要点を先取りして述べておきますと、高度成長末期の一九七〇年と二〇〇五年のいずれにおいても、労働配分でみた民間設備投資の割合は高水準であることが分かりました。高成長を遂げていた中国でのそれと比べれば劣りますが、韓国とは同水準の数値です。人口減少が続く日本では、現在の医療・介護の水準を維持するだけでも、将来的には人手不足がいっそう深刻になることが予想されますが、いまより高齢化が進んでいるであろう二〇三〇年であっても、アプローチの仕方さえまちがわなければ、この問題を解決できるということが分かりました（第3節）。

以下では、この分析のプロセスを紹介しながら、世界でもまれに見る人口減少社会に突入した日本において、医療・介護を維持・拡大させるという社会的なニーズに、きちんと応えうることが可能であることを論証していきます。さらには、投下労働価値の数量分析によって、資本制社会の特徴をどう捉えることができるのかも示していきます。

1　投下労働価値による数量分析

投下労働価値とは？

【「純生産物1貨幣単位ごとの投下労働価値」は、直接労働と間接労働で構成される】

先述のように、ある財・サービスの**投下労働価値**とは、純生産物1単位の生産に直接・間接に投入される労働量のことです。いま、「純生産物1単位」と言いましたが、これを測定するのは、データ上の制約があって現実には難しいため、たとえば純生産物1万ドルとか100万円分のように、1貨幣単位における投下労働価値を測定しています。この**「純生産物1貨幣単位ごとの投下労働価値」**は、**直接労働**と**間接労働**から構成されています。

直接労働については、ある産業における延べ労働時間を、産出額で割って算出します。図4－1で言うと、この直接労働は第i商品のための直接労働である**「労働i」**（5時間）がそれです。

間接労働については、第i商品を1貨幣単位純生産するために、当該産業への部品や原材料の

図4－1

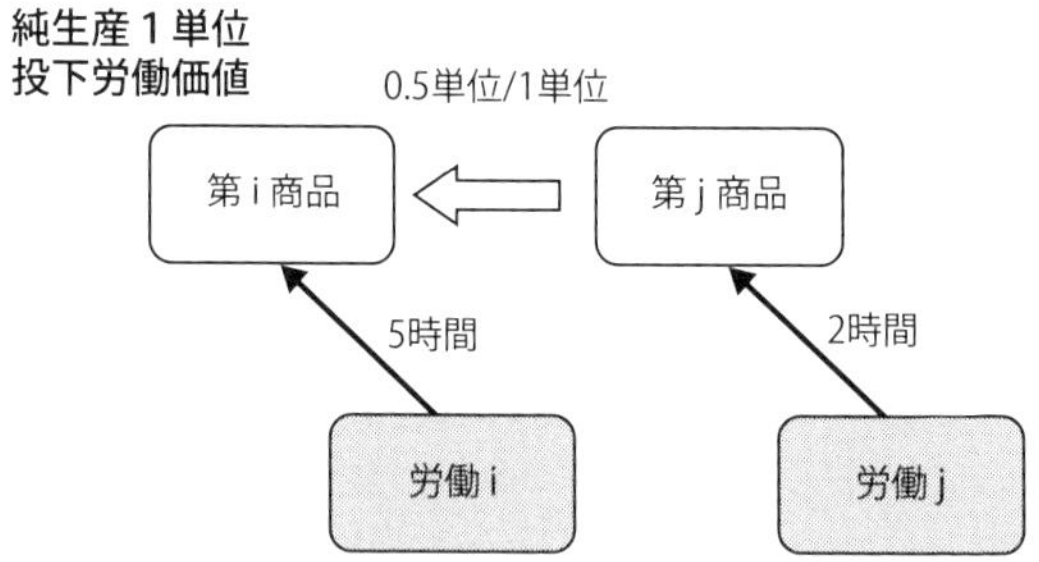

投入量と、当該産業への機械の投入量（0・5単位／1単位）を計算し、その生産に投じられる労働量を、産業連関表と労働統計によって計算していきます。図では、第i商品の生産のための部品や原材料にあたる第j商品の生産に投入される「労働j」（2時間×0・5）が、間接労働（1時間）になります。

計算の結果、第i商品の1貨幣単位の純生産のための直接労働として5時間、間接労働として1時間の計6時間が、第i商品純生産1貨幣単位ごとの投下労働価値ということになります。

図4－1は、第j商品を生産するために投入される商品や労働の関係を簡単にしたもので、現実の投入関係はもっと複雑です。第j商品の生産のために別の商品が投入されたり、第j商品の生産のために第i商品が投入されたりするかもしれません。そうした場合でも、計算が複雑になるだけで、第i商品純生産1貨幣単位ごとの投下労働価値は計算可能です。

このようにして、直接労働と間接労働を足し合わせて、その産業の1貨幣単位ごとの投下労働価値を計算していくわけです。[3]

【資本制社会において、余った労働力の大半は剰余生産物の生産のために充てられる】

今回、「世界産業連関データベース（World Input Output Database）」を用いて投下労働価値を産業別に計測したところ、以下のような結果を得ることができました。「世界産業連関データベース」というのは、日本を含む先進国を中心とする40カ国・35産業の部品や機械の調達数を産業別にまとめたもので、産業ごとに労働時間が集計されており、産業別の投下労働価値の計算にはうってつけなのです。[4]

表4－1は、世界40カ国の産業別投下労働価値の推移をみたものです。一九九七年段階の物価水準で固定化した純生産1ドル当たりの直接・間接の生産に必要な労働時間を表しています。このように、ある年次で価格を固定化することで、同じ純生産物の投下労働価値が、他の年と比較してどう推移したのかを明らかにできます。一九九五年段階で、全産業平均の投下労働価値は、純生産物の価額で平均すると0・127時間／ドルでした。この投下労働価値は、二〇〇七年に

3――投下労働価値の詳細な計算方法については、置塩信雄『マルクス経済学』（筑摩書房、一九七七年）、山田彌「投下労働量・労働生産性・労働交換率の測定」（『立命館経済学』第四〇巻第一号〔一九九一年〕所収）、橋本貴彦・松尾匡「高齢化時代における蓄積と社会サービスへの総労働配分と搾取―投下労働価値計測の応用―」（二〇一五年）、未公刊を参照してください。

4――世界産業連関データベースではWeb-Site上にデータを公開しています。一九九五年から二〇一一年にかけて、先進国を中心とする40カ国（うちEU諸国27カ国）の35産業の部品などの取引関係や労働投入量の数値を掲載しています。URLはhttp://www.wiod.org/new_site/home.htmです。

表4－1　投下労働価値の推移（1997年固定価格）（単位：時間／純生産1ドル）

項目／年次	1995	1997	2000	2005	2007
全産業平均	0.127	0.131	0.117	0.114	0.112
年変化率	－	1.68%	−3.80%	−0.55%	−0.66%

出所：以下、図4－2、図4－4から図4－7、表4－1から表4－3までは「世界産業連関データベース」により筆者が試算。

注：ここで全産業平均とは、各産業の最終需要（純生産物）額を分子に、全世界の最終需要を分母にした産業別の構成割合を作り、同じ産業の投下労働価値とを掛けて、合計したものです。

は0・112時間／ドルとなっており、年間平均で1・02％ずつ減少しています。

これが何を意味するかというと、同量の純生産物を生産するために投入される労働時間が削られたということで、その分、労働力が余ってしまうということです。余った労働力は、資本制社会においては、主に剰余生産物を生産するために、とりわけて、生産を拡大するための設備投資に充てられる力が働きます。1人あたり消費量と1人あたり労働時間が一定であるとの想定のもとで、このような投下労働価値の減少による剰余労働、剰余生産物の増大のことを相対的剰余価値生産とマルクスは呼んでいます。

グローバル化と投下労働

オーストラリア政府は何年か前に、海外に本社を置く自動車メーカーが、オーストラリア国内で生産する自動車について、それが「国産」であるか「外国産」であるかの基準を定め、「国産」の割合を高くするという目標を立てました。国産か否かは、たとえばA国であれば、その国に本社と最終組み立て工場があれば、A国産とするのが一般的です。しかし、オーストラリアの場合、自国に本社を置く自動車メーカーは海外大手メーカーの傘下にあり、いずれも小規模なものでした。[6]そこでオーストラリア政府は、本社の所在国がどこであれ、オーストラリアで生産された部品が、完成した一台の車に占める割合を一定水準以上に高めた場合には国産（オーストラリア産）と認定したのです。それによって、国内の雇用増を図ろうとしたわけです。

【「間接労働における海外労働」の上昇から、グローバル化の進展が確認できる】

しかし実際には、さまざまな機械や部品は世界各地で生産され、それが船便や航空便で大量に他国へ輸出されていますし、その調達網は世界中に広がっています。ある純生産物が「国産」か否かを確定させることは、以前にもまして難しくなっているのです。

こうした問題についても、投下労働価値は、ある産業で生産された商品がどこで作られたのか、

5――松村文武・藤川清史『〝国産化〟の経済分析』（岩波書店、一九九八年）では、「国産」という概念を整理した上で、産業連関データを用いて実証分析を行った先駆的な研究です。この書では、オーストラリアの自動車の国産化の議論やインドネシアでの国産自動車政策の事例を取り上げ、付加価値の国産化率を計測しています。

6――オーストラリアには、Ｈｏｌｄｅｎ社という自動車組み立てメーカーがありますが、現在、ゼネラルモータース傘下にあります。ただし、このＨｏｌｄｅｎ社は二〇一七年を最後にオーストラリアでの現地生産を終了します。URL：http://www.holden.com.au/about/our-company/holdens-future（二〇一六年一月二九日アクセス）

判断材料を与えてくれます。たとえば、純生産物1貨幣単位ごとの投下労働価値において、直接労働のほうは、ある国で投入された労働であるとします。他方で、間接労働については、一国内ですべての労働が投入されているとは限りません。たとえば、ある純生産物を生産する最終組み立て工場が日本にあっても、その部品や機械は中国や韓国等で生産されているなら、そこでは海外労働が投入されていることになります。さらに、その部品や機械を生産するために使われた部品や機械は、それとは別の国の労働が投入されているかもしれません。

このような労働を、ここでは「間接労働における海外労働」と呼ぶことにします。つまり、ある製品を生産する際に投入された労働について、「直接労働」、「間接労働における国内労働」、「間接労働における海外労働」とにわけてみていくわけです。一般に、ある製品の純生産のための投下労働に占める海外労働の割合が高ければ、グローバル化が進展していると考えられます。

表4－2は、世界産業連関データベースで取り上げられた35産業のうち、日本の「一般機械産業」と「電気・精密機械産業」、「輸送機械産業」を取り上げています。この三つの産業について、一九九五年と二〇〇七年の数値をそれぞれ計算し、純生産物1貨幣単位あたりの投下労働価値の内訳をみたものです。ですから、表の合計が100%となるよう調整しています。

以下、詳しく見ていくことにしましょう。

投下労働価値全体に占める直接労働の割合を、一般機械産業について見てみると、一九九五年には37・4%であったのが、二〇〇七年には19・8%まで減少しています。その分、間接労働の

表4-2　グローバル化と日本の製造業の投下労働

(%)

産業名	年次と期間	合計	直接労働	間接労働	海外労働	内CHN	内KOR	内USA
一般機械	1995	100.0	37.4	62.6	30.0	12.5	1.5	1.8
	2007	100.0	19.8	80.2	38.8	22.6	1.4	1.4
	2007-1995	0.0	-17.6	17.6	8.8	10.1	-0.1	-0.4
電気・精密機械	1995	100.0	36.6	63.4	33.0	15.3	1.9	2.2
	2007	100.0	14.2	85.8	39.4	23.4	1.5	1.4
	2007-1995	0.0	-22.4	22.4	6.5	8.1	-0.4	-0.8
輸送機械	1995	100.0	22.4	77.6	29.8	13.4	1.3	1.6
	2007	100.0	15.9	84.1	39.0	22.5	1.3	1.5
	2007-1995	0.0	-6.5	6.5	9.2	9.0	0.0	-0.1

割合は、一九九五年の62・6%から二〇〇七年の80・2%へと大きく増大しています。

こうした変化の内実をさらに詳しくみていくと、「間接労働における海外労働」（表4-2では海外労働と表示）が、一九九五年の30・0%から二〇〇七年の38・8%へと増加していることがわかります。そのほとんどが、中国（表ではCHNと表示）での増加分です。それとは逆に韓国（表ではKORと表示）と米国（表ではUSAと表示）では減少しています。電気・精密機械産業と輸送機械産業においても、これと同様の傾向が見て取れます。以上のことから、日本の生産活動を、投下労働価値によって分析することで、中国を中心とする海外労働が一九九〇年代中ばから増加し始めるという、**グローバル化の進展**が確認できるわけです。

【一つの財・サービスの純生産を形づくる諸要素を明らかにする投下労働価値】

そもそも、投下労働価値を分析に用いるのはなぜかというと、ある財、あるいはサービスの純生産のために、色々な機械や部品が投入され、様々な国で多くの企業がその生産にかかわり、それらの企業で働く労働者が生産を行っているという、社会の現実を明らかにするためでした。この観点に立つことで分かるのは、ある財・サービスを生産する際には、それを生産する事業所（産業、企業）の生産に関わる決定が、場合によっては、他国のさまざまな事業所における財1単位ごとの機械や部品、燃料、労働者の割合を決める技術選択や経済的な活動に対して広範な影響を与えているということです。

一つ一つの事業所の技術選択が社会全体に影響を与え得るという観点に立つ研究者のあいだで注目されている指標に、CO_2の直接・間接の排出量があります。これについては、後の第4節で再び触れることにします。

2　投下労働価値と総労働配分

総労働配分でみた各国経済の特徴

これまで述べてきたように、投下労働価値は、ある財・サービスをつくる際に用いられた部品や機械に、いかなる間接労働が関わっているかを把握する上で、きわめて有用なのです。言い換えれば、グローバル化したこんにちの世界では、国単位でのみ経済活動をみていても限界があるわけです。

投下労働価値による数量分析の強みは、それだけではありません。私たちが暮らすこの国は、どのような経済発展段階にあるのか、労働者はどれだけ搾取されているのかを知る上でも、非常に役立つのです。

【総労働配分を分析すれば、各国の労働が何に投入されているかが分かる】

たとえば、各産業における1貨幣単位ごとの投下労働価値に、その産業の最終生産物の量を掛けることによって、その最終生産物に直接・間接に投入された労働量を計算することができます。これを**総労働配分**と呼びます。総労働配分を分析することで、各国の労働が何のために投入されているのかを、分かりやすい指標で比較できるようになります。なお、ここでいう最終生産物とは、純生産物を需要面からみたものです。

表4－3を見てください。ここでは最終生産物を、**家計消費**、**非営利消費**、**政府消費**、**固定資本形成**、**在庫投資**、**純輸出**に分けています。パーセントで表示されていますが、これは、それぞれの国の総労働配分を100としたとき、ある財・サービスの純生産のために直接・間接に投じられた労働配分の割合を示しています。それでは各項目ごとに見ていくことにしましょう。

家計消費とは、主に労働者階級が購入した財・サービスのことです。この家計消費は、労働者

表4－3　総労働配分と搾取（2007年）

（%）

	家計消費	非営利消費	政府消費	うち教育サービス	うち医療・社会サービス	固定資本形成	在庫投資	純輸出	合計	必要労働比率
米国	66.5	0.0	17.4	0.0	0.0	20.5	−0.6	−3.8	100.0	66.5
日本	51.8	1.2	18.8	2.7	7.0	25.6	0.9	1.6	100.0	61.5
スウェーデン	36.8	1.9	34.3	9.7	14.8	18.1	0.8	8.1	100.0	61.3
韓国	57.6	0.0	12.7	3.7	2.5	25.2	0.9	3.6	100.0	63.8
中国	43.7	0.0	10.9	2.4	1.4	31.1	2.9	11.4	100.0	47.6
インド	66.2	0.0	6.0	1.0	0.4	22.6	2.5	2.7	100.0	67.6
フィンランド	41.5	2.7	28.2	5.7	11.6	22.1	1.6	3.9	100.0	58.8
フランス	49.0	2.5	27.4	4.8	9.1	20.8	1.2	−0.8	100.0	62.9
ドイツ	46.8	2.2	25.4	5.3	9.8	16.5	−0.1	9.3	100.0	61.8

が自らの生活のために行ったものですから、私たちに最も身近な最終生産物といえるでしょう。各国の特徴をみると、もっともその割合が高いのは、発展途上といわれるインド（66・2％）と、先進国のトップグループである米国（66・5％）です。

固定資本形成とは、資本家階級と政府による生産規模の拡大や、現在保有する生産手段の補塡・修理のための支出のことです。固定資本形成に対する労働配分の割合が高いのは、経済成長の著しい中国で31・1％、次いで日本が25・6％、韓国が25・2％という順でした。ドイツやスウェーデンは日本よりも経済成長率が高いのですが、それらの国よりも日本は固定資本形成に対する労働配分の割合が高いわけで、その影響については次節以降で検討することにします。

つぎに**純輸出**とは、当該国の輸出から輸入を差し引いたものです。したがって、純輸出の労働配分は、海外で生活する労働者階級や資本家階級のための労働配分といえます。この比率がもっとも高いのは中国で11・4％、続いてドイツ（9・3％）、スウェーデン（8・1％）となっています。成長著しい中国は輸出を活発におこなっていることは周知の事実ですので、中国が純輸出の労働配分の高い国であることは意外ではありませんが、ドイツやスウェーデンのような先進国でこの割合が高いということは、いくら生産力が向上しても、自国の消費のための労働配分ができていないということですから、検討すべき課題です。

第3章でもみたように、純輸出は、自国民の消費になりえませんから、剰余労働であり剰余生産物です。純輸出がプラスであるだけでなく、貿易黒字になっているとすれば、それは輸出国の労働者階級からの搾取によって成り立っているのです。そのことが、「ヒトとヒトとの関係」にもとづく分析によって導き出せます。

政府消費とは、政府がその費用を負担してはいるが、実際にはそれを労働者階級、資本家階級が消費する財・サービスのことで、表4－3には、その労働配分を示しています。このうち、労働者階級が消費する医療・介護などの「医療・社会サービス」と小中高、大学などの「教育サービス」の割合を見てみましょう。この「医療・社会サービス」と「教育サービス」ですが、労働者階級が負担した分については家計消費として計上されますので注意が必要です。

医療・社会サービスの割合がもっとも高いのは、福祉国家として有名なスウェーデンで14・8％、続いてフィンランドの11・6％です。日本が公的介護保険制度を導入する際に参考にしたといわれるドイツは9・8％です。日本はドイツよりも高齢化率が高いにもかかわらず7・0％というこの違いは何によるのでしょうか。さらなる検証が必要ですが、これだけ数値に差があるわけですから、ドイツの制度をモデルにしたといっても似て非なるものと言わざるを得ません。

スウェーデンやフィンランドといった国々とは対照的なのが、米国です。驚くべきことに、米国の政府消費における労働配分では、医療・社会サービスも教育もゼロなのです。ただし米国の場合、医療・社会サービスおよび教育のための支出は、家計消費の一部として計上されている点には注意が必要です。

【剰余労働比率とは、搾取の度合いをみるための指標である】

本節の冒頭で問いとして掲げた、それぞれの国において、「労働者はいったいどれだけ搾取されているのか」という問いですが、これを知る手がかりとして、各国の労働が何を生産するために投入されているかの指標があります。

まず、最終生産物のうち、資本家階級や海外のために、具体的には純輸出のために労働配分した部分を剰余労働とし、当該国の労働者階級が消費したもののために配分した労働を必要労働とします。ここから、必要労働比率を算出します。計算式は、必要労働÷（必要労働＋剰余労働）です。〈必要労働＋剰余労働〉というのは、社会全体の総労働時間のことです。

つまり、これは、社会全体における総労働のうち、必要労働が占める割合がどれくらいかをみるための指標なのであり、[7]搾取の度合いをみるための指標なのです。

従来、マルクス経済学では、『資本論』で提示された搾取率（剰余価値率）を、搾取の度合いを測るための指標としてきました。この搾取率は、〈剰余労働÷必要労働〉という式によって求められます。しかし、これには問題がないわけではありません。必要労働比率が下がるにつれて、そのわずかな誤差が搾取率の大きな変動として表れてしまうからです。[8]そこで本書では、搾取の度合いを表す指標として、この搾取率の代わりに、剰余労働比率（1－必要労働比率）を提案するわけです。

必要労働比率を用いて各国の状況を比較してみると、もっともこの比率が低いのは中国で、47・6％でした。必要労働比率が低いということは、剰余労働に対する総労働からの支出の割合が高いということです。それとは逆に、必要労働比率がもっとも高かったのがインドで、67・6％ありました。日本やドイツ、スウェーデン、フィンランドなどは、いずれも60％前後となっており、中位グループを形成しています。

7――（1－必要労働比率）を「**剰余労働比率**」と呼ぶことにします。ただし、いったん必要労働比率を計算すれば、必要労働と剰余労働の合計が総労働であるため、この式を総労働で割って比率を求めると、必要労働比率と剰余労働比率が1に等しいという関係を導くことができます。このことから、必要労働比率が分かれば剰余労働比率は自明で計算できるので、必要労働比率のみを表に掲げています。

8――この従来の搾取率と必要労働との関係を別の側面から説明すると以下のようです。縦軸に搾取率をとり、横軸に必要労働をとると、ひらがなの「し」の字のような直角双曲線を描くようになります。

ただし、注意が必要なのは、総労働配分においては、労働生産性の高低は捨象しているということです。つまり、いかなる発展段階にあるかはみていないのです。経済発展の途上にあるインドのような国と先進国とを同列に置いて分析しています。この弱点を補うには、労働生産性が相対的に低いインドのような国については、別の方法によって分析しなくてはなりません。

資本蓄積と労働力の産業間の移動

【小農民は、経済発展によって農村から都市部へ移動し、労働者階級となる】

第1章でも述べましたが、資本制社会が成立するためには、資本家階級に雇用され、賃金を受け取る労働者階級が多数、存在していなくてはなりません。しかし、歴史的に言えば、資本主義経済が始まる前の段階では、自分の耕作地を所有地や借地として占有し農機具を自ら所有する小農民が多数であることが通常です。経済の発展にともなって、彼らは農村から都市部の工業地帯へと移動し、労働者階級となっていくのです。

インドの場合、ちょうどその過渡期にあるといっていいでしょう。世界産業連関データベースで計測した総労働配分でいうと、インドで農林水産業に従事する人の割合は一九九五年には30・6％であったのが、一二年後の二〇〇七年には21・6％へと大幅に減少しています。この減少分が、建設業などの直接・間接労働にかかわる労働者増につながっているのです。図4－2をみると、総労働に占める建設業の直接・間接の労働者の割合は、一九九五年の5・44％から9・79％

へと増大しています。「その他の製造業」も同様です。ここでいう「その他の製造業」とは、図4－2で示した「鉱業」、「建設業」を除く製造業すべてのことです。

これに対して、二〇〇七年時点の日本では、農林水産業の労働配分の割合は1・2％でした（一九九五年時点では1・6％）。一九五八年四月時点の日本の農林業の、就業者全体に占める割合は30・61％でしたから、一九九五年時点のインドの農林水産業の、就業者全体に占める割合と比較すると、一九九五年時点のインドの経済構造と一九五八年前後の日本のそれとは同じ段階だといえます[9]（ただし、この時点の日本の労働配分については、データ上の制約があって、純生産のための直接・間接の労働ではなく、直接の労働の割合をみています）。

経済が成長するには、労働雇用人口の増加と技術の進歩が不可欠です。このうち労働雇用人口の増加に関しては、新卒学生など新規の労働者の労働市場への参入のほか、小生産者から「労働者階級」への移動も重要なファクターであることを強調しておきたいと思います。

9――総務省「労働力調査長期時系列調査」の産業別従業者数から試算しました。ただし、世界産業連関データベースでのインドのデータは、農林水産業に関する労働投入量の数値であるのに対して、日本のそれは農林業の数値であり、産業分類が異なる点には注意が必要です。

図4－2　1995年と2007年のインドにおける総労働配分

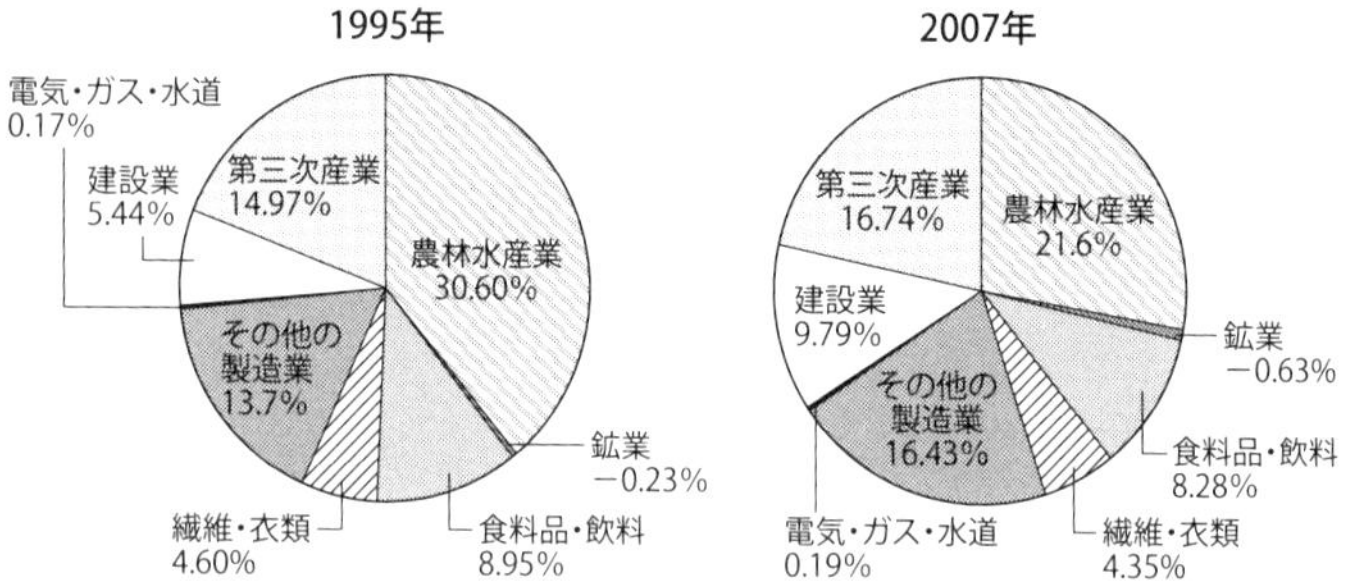

出所：世界産業連関データベースをもとに作成。

注：左の図は1995年、右の図は2007年の数値。1995年、2007年いずれの場合も、「鉱業」がマイナスになっているのは、輸入から輸出を差し引いた純輸入が、当該国で消費された純生産物より大きい値であることを意味しています。

3　投下労働価値分析の応用

医療・介護の需要増に日本社会は耐えられるのか

日本はすでに低成長期に入って久しいと言われていますが、表4－3でみたように、労働配分における固定資本形成の割合で見た場合、高成長を続けている中国とほぼ同水準なのです。固定資本形成とは、設備投資への民間の支出と政府等による公的な支出を合計したものです。

世界産業連関データベースでは、公的固定資本形成と民間固定資本形成は分割されていないのですが、そのそれぞれの労働配分を、日本産業別生産性（JIP）データベースを用いて計算した結果が、図4－3です。

図4－3　日本における総労働配分の推移

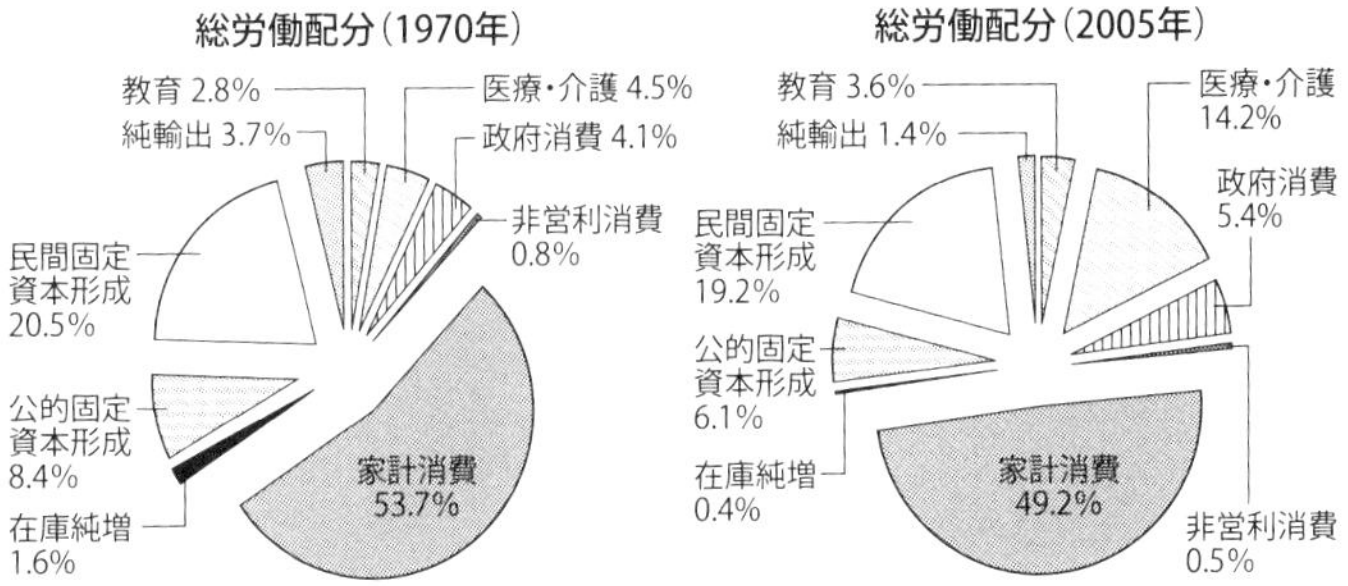

出所：日本産業別生産性データベース（JIP）2013より作成。

図4－3を見ればお分かりのように、民間固定資本形成と公的固定資本形成の労働配分の数値は、二〇〇五年には25・3％でした。韓国とほぼ同水準です。高度成長期の末期とはいえ、一九七〇年の日本の固定資本形成の数値は28・9％で、それに比べると二〇〇五年段階のそれはやや低位にあるものの、いまだ高水準にあることがわかります。

表4－3で見た「政府消費」のうちの「医療・社会サービス」と「教育サービス」というのは、「医療・介護」と「教育」に関する総費用のうちで政府が費用負担した部分のみを取り出したものでした。一方、図4－3の医療・介護ですが、医療・介護に要した費用のうち、政府負担分と窓口負担分以外のものと、窓口消費部分の民間消費を合計したものが、本来の意味での「医療・介護」と「教育」の総費用部分となります。これについてみると、一九七〇年には4・5％であったのが二〇〇五年には14・2％へと約10％ポイントほど増加しています。その背景には、公的介護保険制度が二〇〇〇年に創設されるなど、高齢化のための公的保険制度が整備され

たということがあります。

【高齢化による介護・医療サービスの需要増で労働力はどれだけ必要になる?】

現在、「介護難民」という言葉がマスメディアで頻繁に取り上げられています。高齢化の進展によって、日本では今後、介護サービスおよび医療サービスに対する需要が増大していくことが予想されます。私たちが介護や医療を必要とするときに、果たしてサービスを受けることができるでしょうか。

これは、高齢化によって、介護・医療サービスへの需要が高まったときに、社会全体の働き手は一体どれくらい必要になるのか、そのとき、社会的に必要とされている働き手の人数に対して、実際に労働市場に存在すると予測される働き手は充足しているのか、という問題だと言えるでしょう。そのとき、前者においては総労働需要との関係を、後者においては総労働供給との関係をみることになります。

そこで、医療・介護以外の人口1人当たりの最終需要がそれぞれ二〇一〇年時点と同一であると仮定し、日本産業別生産性データベースから二〇一〇年時点の産業別投下労働価値を用いて総労働配分を計算したのが表4－4です。

ただし、「医療」と「介護」については、厚生労働省の「国民医療費」等データから年齢階層別の数値を用いて、二〇一〇年の医療介護水準を維持した場合を、「現状維持」シナリオとして

表4－4　2030年における日本の総労働配分とその予測

(%)

シナリオ／最終需要項目	政府消費	非営利消費	家計消費	在庫純増	公的固定資本形成	(内新投資部分)	民間固定資本形成	(内新投資部分)	純輸出	医療・介護	総労働需要	総労働供給	労働力不足
現状維持	7.1	0.4	53.7	0.3	5.3	4.9	15.6	14.5	2.3	15.3	100.0	94.0	6.0
スウェーデン水準	6.4	0.4	48.3	0.3	4.7	4.4	14.0	13.1	2.0	23.8	100.0	84.6	15.4

出所：日本産業別生産性（JIP）データベース2013等により筆者作成。

試算しています。[10]通常、年齢層が高くなるほど、1人あたりの医療・介護費用も高くなりますので、高齢化に伴って社会全体の医療・介護費用は増大します。

もう一つのシナリオとして、65歳以上の1人あたり医療・介護水準をスウェーデン並みとした場合にどうなるかを試算してみました。以下、そのそれぞれについて、見ていきましょう。

【省力化の技術の導入、生産拡大のための新たな投資の停止で労働力不足は解消できる】

結論から言いますと、現行維持シナリオの場合、約6％の労働力不足が生じることが分かりました。二〇一〇年時点の1人あたりの医療・介護以外の最終生産物を一定とし、二〇三〇年の人口数をもとに計算した総労働配分を100％としたとき、社会保障・人口問題研究所の予測人口をベースにして計算すると、必要な総労働配分100％に対して実際

10――データソースや計算方法についての詳細については、橋本・松尾（二〇一五）を参照してください。

の働き手を示す総労働供給の水準は94％と100％を下回っていました。この試算では、約6％（100％－94％）の人手が不足するという結果となったのです（表4－4の右端の列を参照）。これに対して、スウェーデン並み医療・介護水準を目指す場合、約15・4％の労働力不足が生じることが分かりました。

予測される総労働供給の水準で、総労働需要の不足分の労働量を補うためには、同じ純生産物1単位ごとの投下労働価値を減少させていく方法があります。言い換えると、同じ財を生産するための省力化の技術をどんどん導入していくことです。

この人手不足を解消していくために必要とされる投下労働価値の減少率は、現行水準のケースでは年率0・31％でよいことが分かっています。スウェーデン並みの医療・介護水準を目指すのであれば、年率0・83％の投下労働価値の削減が必要となります。一九九〇年から二〇〇七年までの日本の投下労働価値の減少率は年率1・85％でしたから、この数値は決して不可能ではありません。

労働力の不足を補うための方法として、生産規模を拡大するための生産物に投下される労働量を減らすという方法も有効です。現行維持シナリオでは、生産拡大のための新投資は、民間部門と公的部門を合わせて19・4％分でした（表4－4参照）。この部分がすべて停止されれば、6％の労働力不足はたちまち解消されるだけでなく、より充実した医療・介護が実現できるはずです。

一方、スウェーデン並みの医療・介護水準の場合、労働力の不足分は15・4％でした。この場合も、新投資部分をすべて停止できれば、スウェーデン並みの医療・介護水準を実現してもなお余りある労働資源の節約ができるのです。このシナリオは、1人あたりの消費水準を低下させることなく実現できるプランであるということは、何度強調してもし足りないぐらいです。投下労働価値を削減してきた過去の実績から言っても、労働資源の不足は無理なく解消できます。生産を拡大するための剰余生産物の生産を停止するだけで、現状を維持できるだけでなく、スウェーデン並みの医療・介護水準が達成可能なのです。

貿易による労働交換

先ほど私は、スウェーデンとドイツについて、総労働配分における純輸出の割合が高いという点に注目し、高齢化が進む中で、医療・介護労働がいっそう必要になってくると、それが障壁になる可能性があると述べました。ここでは、この貿易について、別の角度から検討していきます。

日本から中国へ輸出されている財の1万ドルあたりの投下労働価値を分母に、中国から日本へ輸出されている財の1万ドルあたりの投下労働価値を分子にした労働交換比率を計算し、それを図示したのが図4－4[11]です。この労働交換比率とは、同じ1万ドルごとの輸出財どうしの貿易で、投下労働価値でみた労働時間を日本は何時間、中国は何時間で交換したかをみるものです。

一般に、発展途上国では、投下労働価値が大きい値となり、先進国では投下労働価値が小さな値となる傾向があります。そして、この労働交換比率は、日本と中国の輸出財の投下労働価値、

図4－4　中国と日本との労働交換比率（1995－2007年）

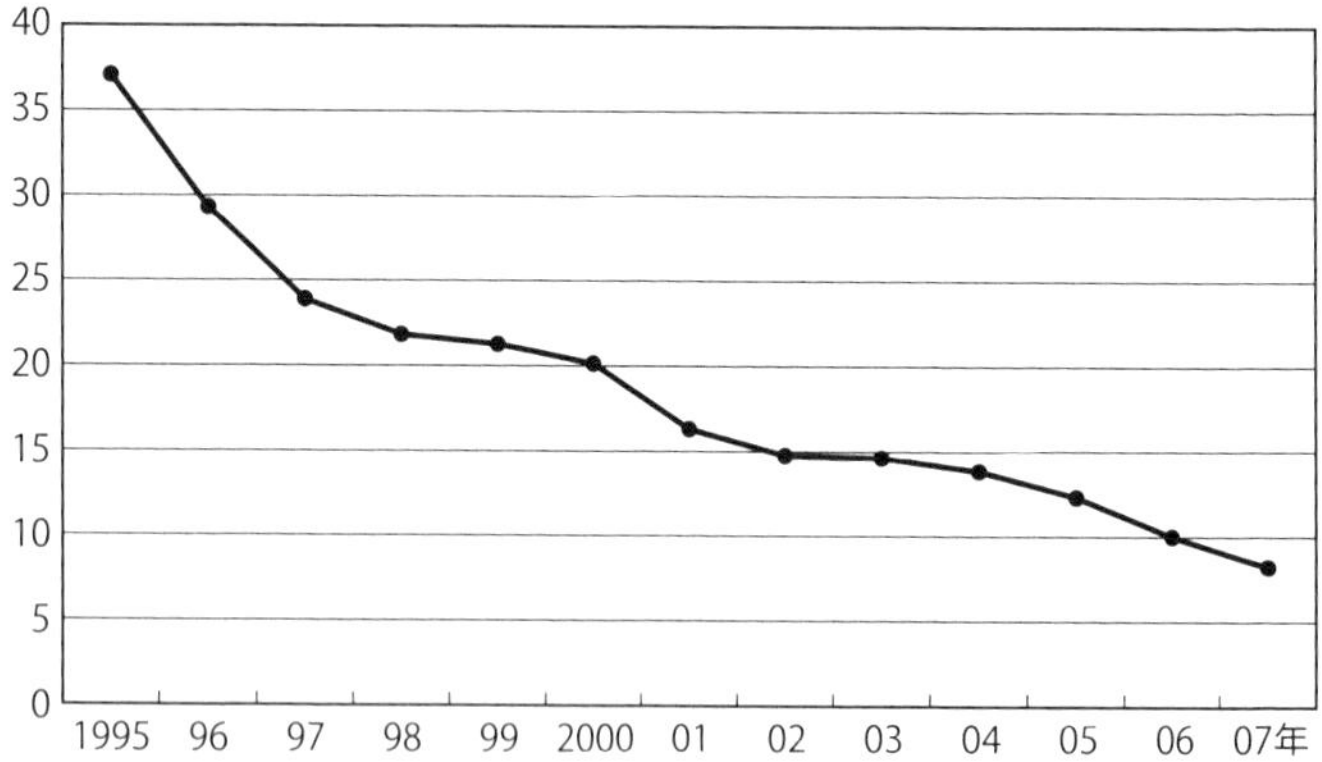

輸出財の価格、そして名目為替レートから決まります。
ここでいう「輸出財」には、部品と材料等の中間財も、最終生産物（本書でいう純生産物）も含まれています。

【中国との貿易で、日本は多くの移民を間接的に受け入れている】

図4－4をみると、同じ1万ドルを用いて輸出財の交換をする際に、一九九五年段階で、日本の労働1時間に対して、中国では37・14時間を費やしていることが分かります。ところがそれが二〇〇七年には8・29時間にまで低下しています。日本にとっては、労働交換を通じて、中国からより多くの労働を得ていることがわかります。
具体的には、中国と比較したときに、より少ない労働で生産された純生産物1万ドル（たとえばハイテク製品）を輸出し、自国よりより多い労働で生産された純生産物1万ドル（たとえば農産物）を中国から輸入しているということです。

中国から日本へ労働生産物がどれくらい移転したかを計算すると、二〇〇七年の場合、日本は中国から11905百万ドルほど輸入していました。中国の対日輸出財1万ドルごとの投下労働価値は、時価表示で0・3036百万時間／純生産百万ドルですから、これを掛けていくと3977・2百万時間分の生産物となり、さらに中国の労働者の平均年労働時間は1985・2時間／人ですから、日本は約1712万人分の労働生産物を、0・121（1／8・29）の労働交換比率で得たことになります。[12] 中国との貿易によって、日本は多くの移民を間接的に受け入れているともいえるでしょう。ただし、以上の議論は、貿易黒字がゼロであるケースを念頭においてしています。もしドイツやスウェーデンが巨額の貿易黒字を抱えている場合は、その生産のための労働が輸入の見返りに割かれることになります。

もちろんドイツやスウェーデンも、輸出の見返りの輸入で労働も節約した分はメリットを得て

11——この労働交換比率の計測結果ですが、佐野聖香東洋大学経済学部准教授が、世界産業連関データベースをもとに試算したものを一部改変して用いています。ここに記して感謝します。なお、この研究成果は、佐野聖香「日中の中間財貿易における労働交換比率の測定」『社会システム研究』第三〇号（二〇一五年）に掲載されています。これと同様の方法で計測したものとして、泉弘志・木下滋・藤江昌嗣・大西広・藤井輝明編著『経済統計学の現代化』（晃洋書房、一九九五年）所収の泉弘志・中島章子著「国際的不等労働量交換の計測について」、長澤克重著「商品価値計算の方法による貿易パターンの分析」があります。

12——本来なら、部品や原材料等の中間生産物を除いた生産物、つまり最終生産物の貿易にのみ絞って計算すべきですが、今回は、日本が中国から輸入した最終生産物と中間生産物の両方を対象に試算しました。

図4－5　投下労働価値と価格の変化率（日本）

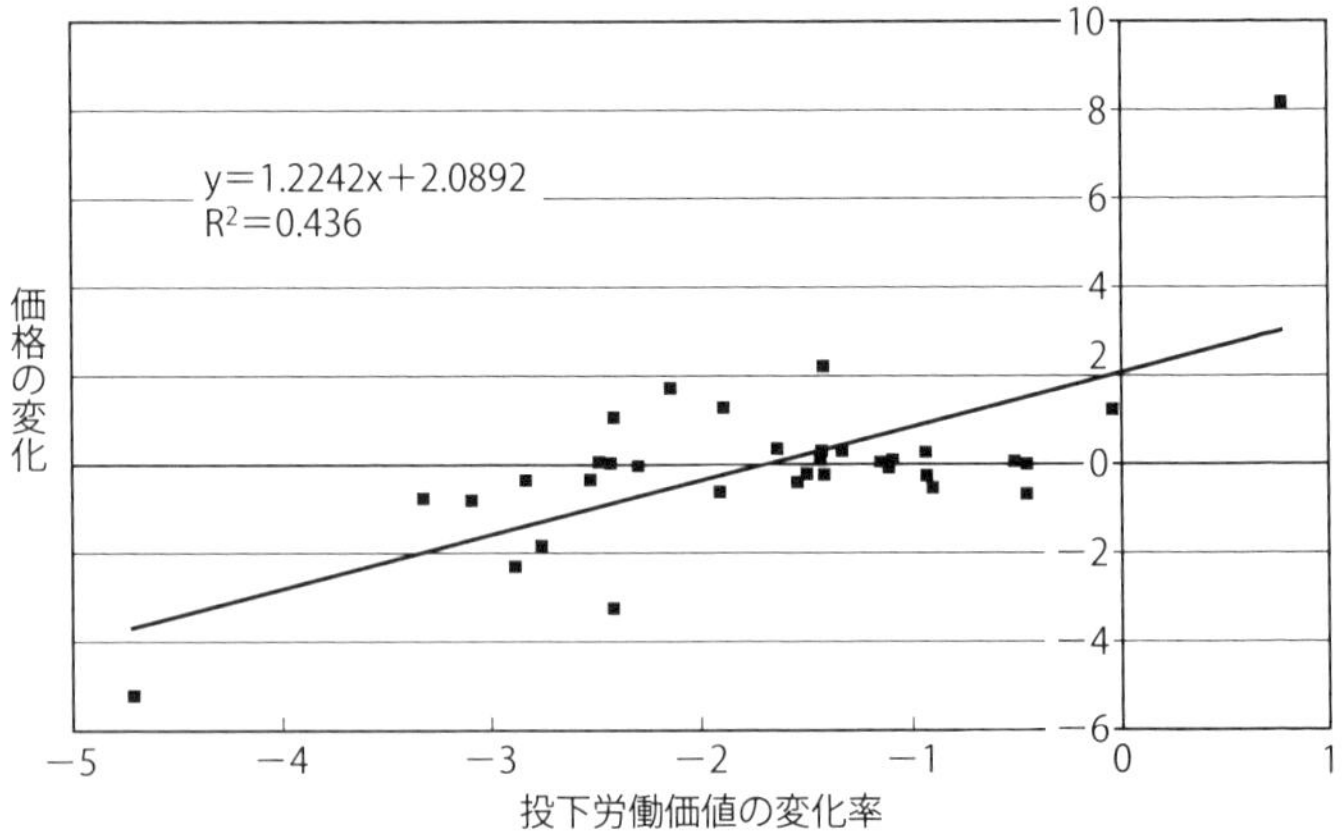

いるはずです。例えば、自国で生産した場合の投下労働よりも、より低位な投下労働で済むような貿易が行われているならば、それによって浮いた労働は、介護等の労働へまわすことが可能になります。ただし、日本の場合、中国との貿易について言えば、一九九五年から二〇〇七年にかけて、中国の投下労働価値が急激に減少したり、中国の人民元が切り上げられたりして、その労働交換比率は低下しています。

投下労働価値と価格の関係

さて、前章までの議論において、同じ財の投下労働価値が、同じ財の単位価格に対する規定因となっているという議論を批判しました。

これについて本節では、ある年から別の年までの投下労働価値の変化、あるいは価格の変化から検討したいと思います。この二つの変化を検討するに際して、同一財や同一産業の産出価格が、投下労働価値が減少するテンポと同じテンポで減っていく場合、両者を図示した点は、何らかの規則性を持って配列されるはずです。この場合、右上がりの直線に沿ってデータが図示されます。

実際の計測結果はどのようになったでしょうか。今回は日本のケースを取り上げて検討します。同一の産業の価格変化率（一九九五年を1・0とした価格上昇率）と、同じ産業の投下労働価値の減少率を図示したのが図4-5です。世界産業連関データベースで計測した結果ですが、40カ国のうち日本のみの計測結果ですから、35の産業の数値が図示されていることになります。

縦軸の価格変化率と、横軸の投下労働価値の変化率を比べると、データは右上がりの直線に沿って配列されているわけではありませんので、**投下労働価値変化率と価格変化率とは無関係**であることが分かります。[13]

もうすこし丁寧にみると、投下労働価値の変化率は、ほぼマイナスのものばかりで、その変化

13——この価値と価格の関係についての実証研究を評価したものに中谷武『価値、価格と利潤の経済学』（勁草書房、一九九四年）があります。この書では、一九七五年から八五年までの日本における産業別投下労働価値と価格の変化率を比較し、投下労働価値が減少すれば価格も減少することを統計データによって明らかにしました。この二つの変化率が、マイナスにせよプラスにせよ、同じ方向で変化している場合に、相関係数という統計の指標では、最大で1、逆方向に変化している場合には-1に近い値をとります。中谷の本では、同じ期間で0・916という、1に限りなく近い値を得ています。本章で扱った投下労働価値と価格の関係の実証結果とは正反対の結果です。この違いは、もともと対象としている国が40カ国と広範である点、間接労働の対象が1カ国だけでなく、40カ国と広いこと等によります。

の幅にはバラツキがみられるのに対して、縦軸の価格変化率はプラスのものとマイナスのものが半々になっていますから、価格が上昇している産業と低下している産業とに分かれていることがわかります。

もし、投下労働価値変化率と価格変化率とが一定の関係性を持つのであれば、ある産業の投下労働価値の減少度合いが大きい場合、その産業の価格変化率の減少度合いも大きくなる可能性があるということは先に述べました。しかし、実際の計測結果をみると、そうではありませんでした。縦軸の価格変化率はプラス2%からマイナス2%の範囲に収まっている一方で、横軸の投下労働価値の変化率の方は、多くの産業において0%からマイナス3%弱となっており、円形に広がっていたのです。この図から、一九九五年から二〇〇七年にかけての日本では、投下労働価値と価格の変化との間には関係性が見いだせないことがわかります。つまり日本では、一九九五年における各産業同士の交換比率を維持するような価格変化は一九九五年から二〇〇七年にかけて生じていないのです。

さらに詳しく見てみましょう。図4-5では、それぞれの産業の投下労働価値と価格の変化について点を打っています。その上で、これらの点それぞれの距離からみて、もっとも近接した直線を引いています。これを回帰直線といいます。

図内ではさらに、この回帰直線の傾きを1・2242、切片を2・0892と表示しています（y＝1・2242x＋2・0892）。この回帰直線は、xである投下労働価値変化率が1%ほど低下（上昇）したとき、yである価格変化率は1・2242％ほど低下（上昇）するという意味です。さらにR^2は、決定係数と呼ばれ、どの程度、回帰直線に点が集まっているかということを意味します。0から1までの値を取り、最大値である1に近い値であれば、回帰直線の線上に点が集まる、言い換えると関係性を持つことになります。計測結果ですが、決定係数は0・436ですので、それぞれの点についての関係性は、1（100％）を最大としたときに、この回帰直線では0・436（43・6％）分だけしか説明できていないというものでした。この結果から、投下労働価値と価格の変化との間には、やはり関係性が見いだせないことがわかります。

以上は、日本国内の物価について、それを価格変化率として検証してみたものです。名目為替レートで現地通貨の円からドルへと変換した場合の価格変化率と投下労働価値変化率とは、やはり無関係であるということが確かめられました。

投下労働価値と直接間接の賃金コスト

1貨幣単位ごとの投下労働価値とは一〇〇万ドルなら一〇〇万ドルの純生産物に、直接・間接に投じられた労働時間のことでした。

この投下労働価値は、労働を投入する側面に着目した指標ですが、以下では賃金コストという側面に目を向けてみます。

図4－6　投下労働価値と直接・間接の賃金コスト（2007年）

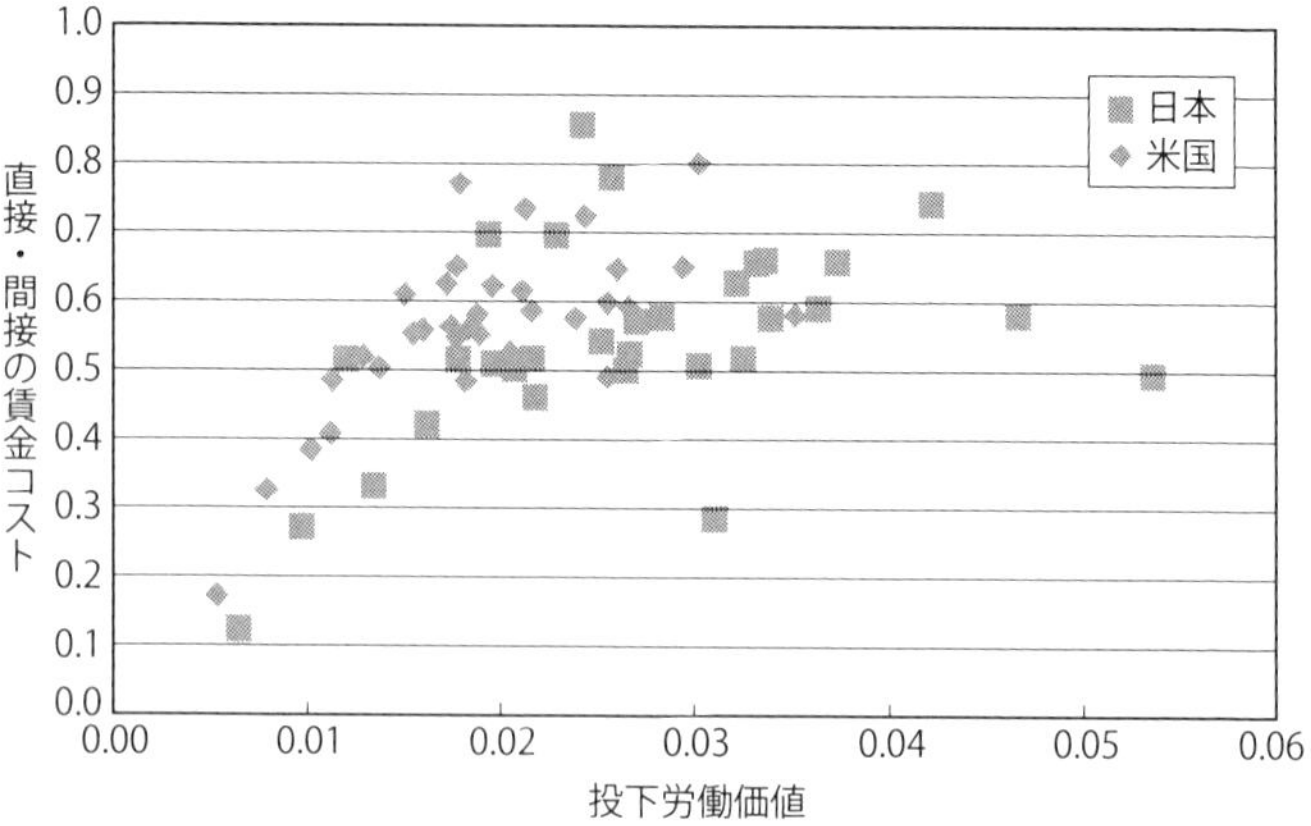

注1：投下労働価値の単位は100万ドルの純生産物に直接・間接に投入される100万時間。
注2：直接・間接の賃金コストの単位は、100万ドルの純生産物に直接・間接に投入される賃金コスト（100万ドル）。

【賃金コストが低いとは、価格競争力があり、利潤率が高いということである】

この賃金コストは、ある純生産物を生産する際に、直接的に投入する労働量に、貨幣賃金率（一時間労働して受け取る貨幣）をかけた賃金コストの他に、部品や機械に投入された間接的な賃金コストを加えていくことで算出されます。この賃金コストが低い場合は、価格競争力があるということになりますし、資本減耗分を含んだ純生産物の利潤率が高いということでもあります。

各産業の直接・間接の賃金コストには、その定義にもとづけば、各産業内でおこなわれる生産技術の選択や改善などで、どれだけ労働を節約しているかという技術的側面のほか、労働が投入された産業における貨幣賃金率の違いという分配的な側面の二つがあります。

この分類で言うなら、投下労働価値は、技術的側面からみた指標といえます。

さて、直接・間接の賃金コストと投下労働価値を各産業別に図示するとすれば、一体それはどうなるでしょうか。図４－６は、二〇〇七年時点における日本と米国における産業別の直接・間接の賃金コスト（図の縦軸）と投下労働価値（図の横軸）を示したものです。

この図から、特に、日本（ＪＰＮ）において、投下労働価値が低位な産業では、直接・間接の賃金コストも低位であるという特徴は見られず、ほとんど関連がないということが分かります。それに対して米国の場合、それぞれの産業の点を結ぶように、左下がりの直線が引けそうですが、投下労働価値の水準の高い産業においては、明確な傾向は出ていません。

つまり、投下労働価値と直接・間接の賃金コストとの間には、はっきりとした関係性は見出せないのです。これは、「生産性基準」と「費用基準」の違いとして知られており[14]、資本制社会において、個々の企業は直接・間接の賃金コストを削減できる技術を選ぶと考えられますが（これを「費用基準」と呼びます）、この技術は、必ずしも投下労働価値を削減する技術（これを「生産性

14――置塩信雄『現代経済学』（筑摩書房、一九七七年）第３章を参照してください。この論文では、代数式を用いたモデル式によって、ある技術の改善を投下労働価値で評価した場合と、同じ技術を今度は費用の削減率で評価した場合とを比較しています。そして、同じ生産技術について、二つの評価である「生産性基準」と「費用基準」でみた生産技術の評価の違いについて検討しています。この違いは、搾取がある場合に大きくなり、搾取がない場合は、二つの基準は一致するという結果を得ています。これについて本章ではデータを用いた検証によって明らかにしています。

基準」と呼びます）であるとは限らないということです。本節では削減率ではなく、同一時期の水準を図示しましたが、削減率の実証結果も、これと同様でした。

4　CO_2排出量を投下労働価値と同じように計測できるか？

ここまで、マルクスやリカードらが提唱した、労働価値説をベースとする投下労働価値の応用事例について検討してきました。

投下労働価値とは、純生産物1貨幣単位ごとの投下労働のことでした。それでは、純生産物1貨幣単位を生産するために直接・間接に生じたCO_2排出量を、投下労働価値と同じように計測することは可能でしょうか。

もちろん、可能です。CO_2排出量だけでなく、水の消費量、土地の面積などで、同じように計測することが可能です。「水の消費量」と「土地の面積」については、それぞれの財における総労働配分と同じように、総「水」配分、総「土地」配分という分析もできるでしょう。限りある水や土地が、人々の生活のために配分されているのか、それとも生産拡大のため、資本家階級の奢侈財のために配分されているのかどうか、という検証に用いることができるのです。

CO_2排出価値とは、純生産物1貨幣単位の生産に、直接・間接に投入されるCO_2排出量のことです。表４－５に示したのは、二〇〇七年時点の日米の計測結果です。[15]

これらの産業において、もっとも多くCO_2を排出しているのは、電気・ガス・水道です。米国の電気・ガス・水道産業では、１００万ドルの純生産物に対して９１２９トンほどのCO_2を排出していました（表４－５の左から４列目）。日本の電気・ガス・水道産業において、１００

表４－５　日本と米国におけるCO_2排出価値（2007年）

単位：千トン／100万ドル

	産業名／項目	JPN CO_2 排出	USA CO_2 排出	JPN/USA
1	農林水産業	1.338	0.595	2.25
2	鉱業	1.517	1.194	1.27
3	食料品・飲料	0.609	0.631	0.97
4	繊維・衣類	0.438	0.455	0.96
5	皮革・靴製品	0.442	0.331	1.34
6	製材・木製品	0.520	0.526	0.99
7	パルプ・製紙・印刷・出版	0.448	0.608	0.74
8	石炭・石油製品	2.271	2.074	1.10
9	化学製品	0.762	0.845	0.90
10	ゴム・プラスチック製品	0.474	0.527	0.90
11	非鉄金属	1.686	1.924	0.88
12	金属製品	0.992	0.801	1.24
13	一般機械	0.222	0.439	0.50
14	電子・精密機械	0.200	0.217	0.92
15	輸送機械	0.288	0.382	0.75
16	その他の製造業	0.551	0.454	1.21
17	電気・ガス・水道	3.848	9.129	0.42

注１：世界産業連関データベースを用いて筆者が試算。

注２：計測した産業は全35産業だが、表に掲載した産業は上記の通り、第一次産業と第二次産業を中心に17産業に絞って掲載した。

万ドルの純生産物の生産のために直接・間接に排出したCO_2の量は3848トン（表5の左から3列目）でした。

つまり、米国のCO_2排出量に対して日本では0・42程度済んでいるのです。同一産業であっても、産業内の商品構成割合について日米間で相違があることは考慮されていませんから、比較には充分な注意が必要ですが、日米において同じ産業であっても、CO_2排出価値の水準が大きく異なる点は興味深い結果といえます。

5　まとめに代えて

日本では二〇〇〇年に公的介護保険制度がスタートしました。一方で、家族等の介護を理由とする離職の増加など、公的な介護サービス、広くは社会的ニーズに応える供給の不足による諸問題が日本社会を覆うようになっています。

そこで本章では、社会的なニーズを満たす方法について、実際のデータを用いて検討してみました。その際、投下労働価値分析という、マルクス経済学の分析手法を使っています。そこでの検討は、高齢化が進むと同時に少子化も進むことで労働人口がかなりのペースで減っていくこの社会は、はたして持続可能なのかを検証することでもありました。

「ヒトとヒトとの関係」にもとづく分析を重視したのは、こうした労働人口の減少や高齢化の進展による介護ニーズの増大という労働配分の問題を、投下労働価値分析によって検証すれば、この問題の解答を直接的に導き出せるからです。このことを「モノとモノとの関係」という、おカネの側面から検討した場合には、介護ニーズの増大による社会全体の人手不足の進展は、社会保障支出の増大と財政赤字の増加という形で現れてきます。

この場合、処方箋としては、増大する財政赤字を、社会保障支出を削減することで解消するというプランが提示されることになるでしょう（合わせ技として、法人税減税などによる資本家階級への減税、消費税率アップなどによる労働者階級への増税があります）。実際に、現代日本の各政党

15——1万ドルの純生産物ごとの直接・間接のCO_2排出量を計算するために、投下労働価値とほぼ同じ計算方法で計算しています。異なるのは、各産業の産出額それぞれの労働投入量を用いるのか、それとも産出額別のCO_2排出量を用いるのかという点です。日本の産出額は通常、現地通貨で、つまり円で表示されるのですが今回、日本と米国の比較をおこなうために、ドル表示へと変換しました。二〇〇七年のCO_2排出価値を計算した後、二〇〇七年から一九九七年の価格水準に実質化し、EUKLEMSデータベースにおける一九九七年の産業別購買力平価を用いて、日本の物価水準を米国の物価水準に統一しています。表4-5の結果は、1万ドルごとの純生産物の量を、日本と米国との同一産業間で比較できるようにしたわけです。EUKLEMSデータベースのURLは、URL：http://www.euklems.net/ です。こうした直接・間接のCO_2排出量の計測に関する研究として、宍戸駿太郎監修・環太平洋産業連関分析学会編『産業連関分析ハンドブック』（東洋経済新報社、二〇一〇年）第Ⅱ部第3章を参照しました。マルクス経済学者以外の研究者が、これ以外にも、多くの研究を積み重ねています。

の政策を見てみると、少なくない政党がそうした主張をしています。

しかし、社会的なニーズに応えていくというごく自然な考え方からすれば、ありうべき処方箋は、それとは真逆の方向にあるはずです。そこで、投下労働価値分析の出番です。なにしろ、この分析道具をうまく活用すれば、いままで見えにくかった問題の所在を鮮明に浮かび上がらせることができるのですから。

搾取の場合、問題の所在はもっとはっきりします。これについて私は、中国と日本を分析対象に据えましたが、日本にせよ中国にせよ、高度成長期にはそれぞれ、民間の設備投資（資本形成）が急激に増大していきました。生産の拡大に労働者が駆り出されたわけですが、そのことによる矛盾は、生産力が十分に発達した先進国において、より増幅されて現れることになります。というのも、日本の場合、すでに生産力が十分発達しているにもかかわらず、いまだ設備投資が大きな割合を占めているのであり、これを「ヒトとヒトとの関係」から見れば、老人介護を中心とする社会的なニーズが増大しているにもかかわらず、従来型の生産を維持・拡大させるために労働力を用いていることになり、労働者からすれば、さして必要でないものを生産していることになるからです。第3章では、このことを「搾取」と呼んだのでした。

二〇〇五年時点の日本社会における民間の設備投資は、二〇〇七年時点の韓国と、さらには一九七〇年時点の日本社会と同水準にあることが、本章では示されました。このことからも、日本の労働者がいかに搾取されているかが分かると思います。と同時に、投下労働価値分析によって、搾取の国際比較が可能になるということも、お分かりいただけたかと思います。

今後、日本社会では人口減少および労働人口減少が続くことが予想されます。社会的ニーズに応える社会システムをどう実現させるのか、より一層の工夫が欠かせません。労働者階級のみならず、この社会を構成するすべての人にとって、いま生産されているもの、これから生産されるものの中で、何が必要で何がそうでないかを精査すべきではないでしょうか。例えば、リニアモーターカーの事業は、いま必要なのかどうか、投下労働価値分析によって検証すべきです。他にも、放射性廃棄物（核のゴミ）を無害化するまでに、膨大な労働人口や労働時間を要する原子力発電所についても精査されるべきでしょう。

最後に、本章では触れることができませんでしたが、社会的ニーズに応えつつ労働人口を増やす政策について、投下価値労働分析によって検証することも可能です。たとえば、公的な保育サービスに直接・間接に投じられる労働を一人分増やした場合に、就業を希望する人のなかで何人が働けるようになるかが計測でき、その結果が一人以上であれば、それは社会的ニーズを充たしつつ労働人口を増加させることができる一石二鳥の政策だといえるのです。

今後は、保育サービスや介護サービスを拡大させた場合の政策効果を、投下労働価値分析によって行う必要性が、一層高まっていくはずです。したがって、マルクス経済学による分析、とりわけ投下労働価値分析を活用して、数々の実データを検証していくというスタイルの研究を、より一層推進させる必要があるのです。

（橋本貴彦）

あとがき

やっとこれで終われるかという感じです。

この「あとがき」を書いているのは二月ですが、今年（二〇一六年）に入って私（松尾匡）は、すでに著書を二冊出していて、これで三冊目です。昨年は、これらの執筆が重なったことに加えて、勤め先の労働組合の役員がまわってきたこともあって、人生で一番多忙な時期だったかもしれません。

同僚にしてこの本の共著者である橋本准教授も、日頃からいろいろと仕事を抱え込んでいるところ、組合の執行委員として面倒をかけた上に、この仕事を持ち込んで振り回してしまい、たいへん恐縮に思います。

当初、学部生向けの画期的新スタイルのマルクス経済学教科書を作ろうという話で始まったのですが、「はじめに」でも書いたとおり、当初の構想の序章部分を膨らませて、これからのマルクス経済学体系のあるべき方向を、読者のみなさんに問いかける本になりました。

それゆえ、この本で提案した方向にそって、本格的な教科書をまとめることは今後の課題となりました。もっとも、私たち二人の日頃の状態に鑑みると、いつ果たせるかわかったものではありませんので、興味のある読者は、私（松尾）が二〇一〇年に出した『図解雑学　マルクス経済学』（ナツメ社）をお読みいただけましたらありがたく思います。有名な「図解雑学」シリーズですので、ごく簡潔に凝縮した文章表現となっていますが、本書をお読みいただいたみなさんには、かなり深いところまで読み取っていただけることと思います。カシオの電子辞書にも、同書が収録されている機種があります。

『「はだかの王様」の経済学――現代人のためのマルクス再入門』（東洋経済新報社、二〇〇八年）と、先日出たばかりの新書『自由のジレンマを解く』（PHP研究所）でも、本書で取り上げた論点、なかでも疎外論と唯物史観について詳しく論じていますので、お読みいただけますと幸いです。

本書第4章で紹介したような実証研究については、泉弘志さんの『投下労働量計算と基本経済指標――新しい経済統計学の探究』（大月書店、二〇一四年）でも取りあげられています。関心のある方はご参照ください。

筑摩書房の石島裕之さんには、たびたびの締め切り遅延危機で大変ご心配をおかけしました。できるはずがないではないかと思ったのに、硬軟とりまぜた叱咤・懇願・激励のおかげで、結局できてしまったことに驚いています。『不況は人災です！』（筑摩書房）のときと変らぬ詳細な文章編集も含め、深く感謝いたします。

第1章の「利得論的解釈／疎外論的解釈」の整理については、大学院のゼミ生である菅原悠治さんの助力を得ています。記して感謝します。

松尾 匡 まつお・ただす

一九六四年生まれ。神戸大学大学院経済学研究科博士課程後期課程修了。博士（経済学）。専門は理論経済学。現在、立命館大学経済学部教授。著書に『近代の復権』（晃洋書房）、『「はだかの王様」の経済学』（東洋経済新報社）、『商人道ノス、メ』（藤原書店、第三回河上肇賞奨励賞受賞）、『対話でわかる痛快明解 経済学史』（日経BP社）、『不況は人災です！』（筑摩書房）、『図解雑学 マルクス経済学（ナツメ社）、『新しい左翼入門』（講談社現代新書）、『ケインズの逆襲、ハイエクの慧眼』『自由のジレンマを解く』（PHP新書）、『この経済政策が民主主義を救う』（大月書店）等がある。ホームページ

http://matsuo-tadasu.ptu.jp/

橋本貴彦 はしもと・たかひこ

一九七五年生まれ。立命館大学大学院経済学研究科博士課程後期課程修了。博士（経済学）。経済統計学とマルクス経済学を専攻。現在、立命館大学経済学部教授。

筑摩選書 0130

これからのマルクス経済学入門《けいざいがくにゅうもん》

二〇一六年三月一五日 初版第一刷発行
二〇二〇年九月二五日 初版第三刷発行

著者 松尾匡《まつおただす》
橋本貴彦《はしもとたかひこ》

発行者 喜入冬子

発行所 株式会社筑摩書房
東京都台東区蔵前二-五-三 郵便番号 一一一-八七五五
電話番号 〇三-五六八七-二六〇一（代表）

装幀者 神田昇和

印刷 製本 中央精版印刷株式会社

 ISBN978-4-480-01636-2 C0333

筑摩選書 0054

世界正義論

井上達夫

超大国による「正義」の濫用、世界的な規模で広がりゆく貧富の格差……。こうした中にあって「グローバルな正義」の可能性を原理的に追究する政治哲学の書。

筑摩選書 0059

放射能問題に立ち向かう哲学

一ノ瀬正樹

放射能問題は人間本性を照らし出す。本書では、理性を脅かし信念対立に陥りがちな問題を哲学的思考法で問い詰め、混沌とした事態を収拾するための糸口を模索する。

筑摩選書 0069

数学の想像力

正しさの深層に何があるのか

加藤文元

緻密で美しい論理を求めた哲学者、数学者たちは、真理の深淵を覗き見てしまった。彼らを戦慄させた正しさのパラドクスとは。数学の人間らしさとその可能性に迫る。

筑摩選書 0070

社会心理学講義

〈閉ざされた社会〉と〈開かれた社会〉

小坂井敏晶

社会心理学とはどのような学問なのか。本書では、社会を支える「同一性と変化」の原理を軸にこの学の発想と意義を伝える。人間理解への示唆に満ちた渾身の講義。

筑摩選書 0071

一神教の起源

旧約聖書の「神」はどこから来たのか

山我哲雄

ヤハウェのみを神とし、他の神を否定する唯一神観。この観念が、古代イスラエルにおいていかにして生じたのかを、信仰上の「革命」として鮮やかに描き出す。

筑摩選書 0072

愛国・革命・民主

日本史から世界を考える

三谷 博

近代世界に類を見ない大革命、明治維新はどうして可能だったのか。その歴史的経験から、時空を超える普遍的英知を探り、それを補助線に世界の「いま」を理解する。

筑摩選書 0076

民主主義のつくり方

宇野重規

民主主義への不信が募る現代日本。より身近で使い勝手のよいものへと転換するには何が必要なのか。〈プラグマティズム〉型民主主義に可能性を見出す希望の書！

筑摩選書 0087

自由か、さもなくば幸福か？
二一世紀の〈あり得べき社会〉を問う

大屋雄裕

二〇世紀の苦闘と幻滅を経て、私たちの社会はどこへ向かおうとしているのか？　一九世紀以降の「統制のモード」の変容を追い、可能な未来像を描出した衝撃作！

筑摩選書 0108

希望の思想　プラグマティズム入門

大賀祐樹

暫定的で可謬的な「正しさ」を肯定し、誰もが共生できる社会構想を切り拓くプラグマティズム。デューイ、ローティらの軌跡を辿り直し、現代的意義を明らかにする。

筑摩選書 0109

法哲学講義

森村　進

法哲学とは、法と法学の諸問題を根本的・原理的レベルから考察する学問である。多領域と交錯するこの学を、第一人者が法概念論を中心に解説。全法学徒必読の書。

筑摩選書 0110

「共倒れ」社会を超えて
生の無条件の肯定へ！

野崎泰伸

労働力として有用か否かで人を選別する現代社会。障害者とその支援をする人々は「犠牲」を強いられ、「共倒れ」の連鎖が生じている。その超克を図る思想の書！

筑摩選書 0111

柄谷行人論
〈他者〉のゆくえ

小林敏明

犀利な文芸批評から始まり、やがて共同体間の「交換」を問うに至った思想家・柄谷行人。その中心にあるものは何か。今はじめて思想の全貌が解き明かされる。

筑摩選書 0116

戦後日本の宗教史
天皇制・祖先崇拝・新宗教

島田裕巳

天皇制と祖先崇拝、そして新宗教という三つの柱を軸に、戦後日本の宗教の歴史をたどり、日本社会と日本人の精神がどのように変容したかを明らかにする。

筑摩選書 0117

戦後思想の「巨人」たち
「未来の他者」はどこにいるか

高澤秀次

「戦争と革命」という二〇世紀的な主題は「テロリズムとグローバリズムへの対抗運動」として再帰しつつある。「未来の他者」をキーワードに継続と変化を再考する。

筑摩選書 0119

民を殺す国・日本
足尾鉱毒事件からフクシマへ

大庭　健

フクシマも足尾鉱毒事件も、この国の「構造的な無責任体制＝国家教によってもたらされた――。その乗り越えには何が必要なのか。倫理学者による迫真の書！

筑摩選書 0120

生きづらさからの脱却
アドラーに学ぶ

岸見一郎

われわれがこの社会で「生きづらい」と感じる時、何がそうさせているのか。いま注目を集めるアドラー心理学の知見から幸福への道を探る、待望の書き下ろし！

筑摩選書 0123

フロイト入門

中山　元

無意識という概念と精神分析という方法を発見して「わたし」を新たな問いに変えたフロイトは、巨大な思想的革命をもたらした。その生成と展開を解き明かす。

筑摩選書 0127

分断社会を終わらせる
「だれもが受益者」という財政戦略

井手英策　古市将人
宮崎雅人

所得・世代・性別・地域間の対立が激化し、分断化が進む現代日本。なぜか？　どうすればいいのか？　「救済」から「必要」へと政治理念の変革を訴える希望の書。